竹中平蔵



# この制御不能な時代を生き抜く経済学

講談社+α《プラスアルファ》新書

# まえがき　「心地よさ」というワナ

日本が世界から取り残され、存在感がどんどん小さくなっている。こうした不安を漠然とでも感じている人が増えているのではないか。

ビジネスパースンであれば誰もが実感している通り、中国や韓国、台湾などといった国や地域の激しい追い上げを受けて、かつて世界を席巻した日本企業の旗色が悪い。日産自動車やシャープなど、かつての日本の一流企業も外国企業の傘下に入った。

一方、「アメリカ・ファースト」を唱え続けるドナルド・トランプ大統領と、その米国と今世紀半ばまでに肩を並べる強国になる構想を掲げる中国の習近平国家主席が、技術覇権を賭けて熾烈な経済競争を繰り広げている。世界経済の先行きはますます予測できないものになっている。東アジアには地政学的リスクが高まっていることからも、不安感が広がるのは当然である。

では、日本はこのまま世界の中で経済的地位を落とし続け、埋没してしまうのか。もちろん答えは「否」だ。日本には力もチャンスもある。ただし、それらがじゅうぶんに発揮できていないのだ。

世界では今、第四次産業革命が起きている。ＡＩ（人工知能）やロボット、ＩｏＴ（モノのインターネット）、ビッグデータ（巨大で複雑なデータの集合）などの活用によって、産業構造が大きな変化を遂げようとしている。

二〇一一年、ドイツが「インダストリー四・〇」という言葉を世界最大の産業見本市ハノーファー・メッセで使用した。二〇一二年には米国や英国がビッグデータの整備に着手した。二〇一四年秋、オックスフォード大学のマイケル・Ａ・オズボーン准教授らは、人間の仕事をＡＩが代替することにより、「二〇年以内に米国の雇用者の四七％が職を失う」というショッキングな研究内容を発表した。当時は猛反発を受けたが、いまや反対する人はほとんどいないだろう。

世界でこのような流れが生まれている中で、日本で第四次産業革命という言葉が閣議決定された成長戦略の中で明示されたのは、二〇一六年だった。世界から四年も五年も遅れているのだ。そのせいか、日本人はまだこの「革命」に対する認識が不十分である。さまざまな分野の人たちから話を聞いて回っているが、「変化は起こっていると思うが、革命というほどのことだろうか」という曖昧な感想が多い。一九九〇年代以降のＩＴ革命以上の変革が今起ころうとしているのに、反応が鈍いのである。

シンガポールのリー・シェンロン首相がまだ財務大臣だった二〇〇〇年代半ば、彼からいわれた言葉が忘れられない。当時からシンガポールはイノベーション大国として知られていた。私が「シンガポールはすごいね。次々と新しいことをやって」といったところ、「いや、日本のほうがすごい」と返してきた。

「どんなに経済が悪くなっても、トヨタやソニーは輸出を続けている。でも、私たちは人口が四〇〇万人しかいないから、つねに走っていないと転んでしまうんだ」

シンガポールは英国の植民地から独立してマレーシアの一部になった。ところが、中華系とマレー系の民族対立が起こり、中華系のシンガポールは切り捨てられた。水すら輸入しないとならない資源小国のため、政治家にも強い危機感がある。健全な危機感が新しい挑戦にどんどん向かわせるのだ。

日本は世界の〝一流国〟と比較すると、もはや豊かではない。一人当たりの名目国内総生産（GDP）は、二〇〇〇年の第二位（IMF調査）から第二五位（二〇一七年、同）までランクダウンしている。ルクセンブルク、スイス、マカオの上位三ヵ国に比較すると、日本の一人当たりGDPはそれらの半分しかない。ところが、こうした「不都合な真実」に、多くの日本人が真剣に向き合おうとはしない。

それは今の日本が、実にコンフォタブル（快適）だからだ。私だって、海外出張から日本に戻ってきたら、ホッとする。三五〇〇万人もの人間が首都圏にいて、みんな安全に暮らしている。治安がよく、空気も、水もきれい。世界におおいに誇れることだ。

しかし、この心地よさがワナにもなる。心地よすぎて変われないのである。

米国マサチューセッツ工科大学MITメディアラボ所長、伊藤穰一氏が講演などで、「AI時代を生き抜く九つの原則」についてよく語る。その原則の一つに、「レジリエンス・オーバー・ストレングス」がある。日本語に訳せば「強さよりも復元力が重要だ」という意味になる。

たとえば、どのように強い構造のビルをつくったとしても、大地震が起き、津波が襲えば建物が壊れることはある。絶対潰れない建物をつくることはできない。だから、万が一、建物が壊れた場合はどのように復元するか、それが重要になるということだ。

このレジリエンスという言葉は、実は東日本大震災のときに、欧米のメディアが日本を絶賛して使った言葉である。日本は関東大震災で関東から東海地方まで、多くの建物が倒壊した。太平洋戦争では日本中の都市が焼け野原になった。それでも日本人は立ち上がってきた。「今回も同じだ、必ず復興する」と。なぜなら「日本人には復元力があるからだ」とかれらは伝えていた。

私は今の日本に何より必要とされるのは、シンガポールが持っているような健全な危機感であると思う。それさえあれば、あとは日本人が有する復元力で、日本経済は必ずや生まれ変われる。

物事を大転換するやり方に「ショック・セラピー」がある。「強い権力のもと、改革を最後まで一気に進める」という意味である。

この「ショック・セラピー」は一九九〇年代初頭、社会主義国が資本主義国に体制転換する際に、よく使われた。「少しずつ改革を進めないと、経済も社会も大混乱を招く」という考え方に対し、当時ハーバード大学教授だった経済学者のジェフリー・サックス氏は、「それではだめだ。一気に変えないといけない」と真っ向から反対した。この「ショック・セラピー」という言葉を使って、異を唱えたのである。

この本では「ショック・セラピー」を思わせる、少々刺激的とも思える内容も書いている。それもこれも今の日本人に目を覚ましてもらいたいからである。日本がこれ以上、世界から取り残されないために、健全な危機感を持って現実を見つめ、確実に対応しなければならない。

二〇〇八年九月に起きたリーマンショック以降、順調に回復していた世界経済が、トランプ・リスクあるいは市場金利の上昇といった米国からの〝突風〟を受けて、再び混迷状態に陥る可能性が出てきた。とりわけ日本は大きな試練を迎えようとしている。

本書の序章で、まず私がダボス会議で見た激化する各国の政策競争の様子をお伝えしたい。続く六つの章で、それとは対照的に構造改革がなかなか進まない日本の厳しい現状を解説し、それを突破するのに必要な施策を示した。読者の方々が、この制御不能な時代を生き抜くため、世界および日本経済の最新事情をつかむ一助となれば幸いである。

◎目次

# 序　章　政策力を競い合う世界

## 保護主義と国家主義への警告

世界を覆いはじめた自国第一主義に、各国はどう対応していけばいいのか。その道を模索する姿が、二〇一八年一月二三〜二六日の四日間にわたって開かれたダボス会議で見られた。

ダボス会議はスイスの経済学者、クラウス・シュワブ氏の主導で一九七一年に始まった。運営は民間非営利組織「世界経済フォーラム」だが、この組織はスイス政府によって正式の国際機関と認定されるようになった。世界経済フォーラムはいくつかの国際会議を主催する。このうち年次総会は最も重要な会議で、毎年一月下旬にスイス東部の山間リゾート地、ダボスで開かれる。この人口一万人少々の小さな街に、政治家や実業家、学者、文化人など、幅広い分野の国際的なリーダー約三〇〇〇人が集い、世界共通の諸問題について忌憚《きたん》のない意見を交換する。

大小二〇〇を数えるセッション（集会）の他に、私が「ダボスの裏庭」と呼ぶ非公式会議も開かれており、かつてはイスラエルとパレスチナの人たちが秘密裏に会った二国間会議などもあった。

世界経済フォーラムには会社で言えば役員会に当たる理事会（ボード・オブ・トラスティ）があり、会長のシュワブ氏と二四人の理事（二〇一七年現在）で構成されている。国際通貨基金（IMF）のクリスティーヌ・ラガルド専務理事、イングランド銀行のマーク・カーニー総裁、アル・ゴア元米国副大統領ら、世界のキーパーソンといっていいメンバーばかりだが、日本人としては唯一、私が任を担っている。二〇〇七年にソニーの出井伸之元会長兼CEO（最高経営責任者、当時は最高顧問）が理事を辞めた際、後任として会長から要請を受けたのだ。

今回私たちが打ち出したテーマは、「分断された世界における共通の未来の創造」である。その〝世界の分断〟を推し進めた張本人、米国のトランプ大統領が出席するとあって、ダボスには開催前から例年以上の注目が集まった。

トランプ大統領の演説は会議最終日だった。このため、会議初日に基調講演をしたインドのナレンドラ・モディ首相は、「保護主義の動きがグローバル化を脅《おびや》かしている」と警告。翌日、登壇したドイツのアンゲラ・メルケル首相は「国家主義の台頭によって、多くの国が二極化している」、フランスのエマニュエル・マクロン大統領も「世界の貿易は保護主義化している」と世界に広がる自国第一主義を批判した。いみじくも各国首脳がトランプ大統領の演説に向けて、共同で予防線を張る形になった。

トランプ氏は大統領選時、このダボス会議を「エリートたちの集まり」と激しくこき下ろしていた。このため、出席者の誰もが固唾をのんで見守っていたが、意外にもトランプ大統領の演説内容は穏やかなものだった。「私はこれまでアメリカ・ファーストといってきたが、それは孤立主義を意味しない。どの国の大統領も、自国の国民を第一に考えているはずだ。私がいっているのは、それと同じこと。自由貿易は大事だ」

彼としては「自分はリアリストで突拍子もないことはしない」と世界のリーダーたちに印象付けたかったのだろう。その印象は後日、裏切られることになるのだが。

スピーチの後半は、もっぱらトランプ大統領が二〇一七年末に成立させた一六〇兆円規模の大型減税（トランプ減税）の話だった。トランプ大統領はプロンプターに映る原稿をひたすら静かな調子で読み上げていた。

## 強烈な政策アピール

今回のダボス会議で私が心に残ったのは、実のところ、このトランプ大統領のスピーチではない。欧州各国のリーダーたちの力強い言葉である。

メルケル首相は二つのことを話した。一つは自由貿易の重要性だ。二〇一八年は第一次世界大戦が終わってちょうど一〇〇年になる。メルケル首相は「この一〇〇年間、人類はたくさんの間違いを犯したが、その中からいいことも選択してきた。それが多国間主義である。孤立主義・保護主義ではない」と強調した。

もう一つが、国家資本主義との対峙だ。とくに政府と企業が一体化して強引にデータベースをつくっている中国の存在は脅威となる。「これからの経済競争はビッグデータの競争になる」という認識だ。この点で中国は、政府と企業が一体となって、ときに個人情報も無視しながら巨大なデータベースを構築している。アリババなどがその典型だ。メルケル首相は、巨大な国家資本主義とどのように向き合うかを国際社会の課題として挙げた。

マクロン大統領はフランス語と英語を織り交ぜてスピーチした。ＩＴ関連技術の進化やＡＩの活用によって産業構造が大きく変革する第四次産業革命が本格化すると、激しい国際間競争の時代を迎えることになる。人材育成が最重要課題となるので、「教育と職業訓練に国内総生産（ＧＤＰ）の五％分の予算を充てる」と宣言し、加えて、企業の競争力を強化するため、「現行三三％の法人税率を二二％まで下げる」と表明した。これはトランプ減税で米国が三五％の連邦法人税率を二一％まで引き下げたことを明らかに意識したものだった。

イギリスのテリーザ・メイ首相は、出席者の関心が高いブレグジットについて触れずじまいだったが、話題が第四次産業革命に及ぶと滔々《とうとう》と語り出した。興味深かったのは、交通渋滞や安全面を理由にロンドンで営業免許が取り消されたウーバー（Uber）の名をあえて挙げた点だ。「反対する人もいるが、これは拒否してはならない。私たちの社会に合うようにして定着させなければならない」と演説したのである。

今回のダボス会議では、先進諸国のリーダーたちが第四次産業革命に正面から向き合い、経済競争力を強化するため、法人税率を引き下げる、あるいは人材育成に力を入れる、といった具合に自国の政策アピールを繰り広げた。会議を通じてのメッセージとして、これから「各国間ですさまじい政策競争が始まる」ことが強烈に伝わってきた。

ダボス会議は「啓発する会議」だ。その場で何かを決めるわけでもなければ、決まったことに何らかの権威づけがあるわけでもない。しかし、世界中の首脳やグローバル企業のＣＥＯが一堂に会する最大規模の国際会議のため、メディア・カバレッジ（メディア報道・メディア露出）はＧ７（主要七ヵ国首脳会議）の約二倍あるといわれる。

一九九〇年代初め、ダボス会議に初めて招かれた頃から、私は「ダボス会議は国のIR（インベスター・リレーションズ、経営や業績情報の発信）の場だ」と感じていた。二〇一七年のダボス会議では中国の習近平主席が基調講演をしたが、中国もインドも国際的なプレゼンス（存在感）を高めるため、かなり戦略的にダボス会議を使っている。

**国会都合で日本の閣僚出席者ゼロ**

二〇一八年のダボス会議には約七〇ヵ国の国家元首クラスが出席した。その中で一人も首脳・閣僚を送らなかった国がある。それが日本だ。G7諸国の中で大統領・首相が出席しなかったのは日本だけだった。

二〇一八年夏、世界経済フォーラムや経済産業省などが協力して、第四次産業革命に関するモデルプロジェクトにトライする「世界経済フォーラム第四次産業革命日本センター」を東京に設立する。サンフランシスコに続く世界で二番目のセンター開設である。その記者発表をダボス会議でする予定だったため、私はどうしても経済産業省の世《せ》耕弘成《こうひろしげ》大臣に出席してもらいたかったが、最終的にできなかった。

もともとダボス会議の開催時期は通常国会に当たる。「国会の代表質問と重なるので、大臣の会議出席を国会が許さない」というわけである。ただし、後から私が調べてみると、ダボス会議が開かれた四日間に国会で世耕大臣にされた質問はわずか一問だった。この一問の質疑応答のために、国際的プレゼンスを高める絶好の機会を逃したのだ。

日本人として残念に感じたのは、カナダのジャスティン・トルドー首相の演説を聞いたときのことだった。トルドー首相はＴＰＰ11（正式名称「ＣＰＴＰＰ」）について言及し、「交渉が妥結したことを喜んで発表したい」とスピーチしたが、実情は文化産業の分野で例外規定を求めるなど、ＴＰＰ加盟国の中で早期締結に最も抵抗したのはカナダである。

ＴＰＰ成立に向けて交渉をリードしたのは、紛れもなく日本だ。とくに妥結をしぶるトルドー首相を説得した安倍晋三首相の功績は大きかった。ところが、日本の首脳がダボス会議に誰も出席しなかったばかりに、あたかもカナダ主導でＴＰＰが締結されたような印象を会議出席者に持たれてしまったのである。

ダボス会議は日本の存在をアピールするひじょうにいい機会だととらえていたので、私は大臣時代、少々無理をしてでも参加するようにしていた。金曜日の夕方まで日本の予算委員会に出て、その日の夜にパリに飛び、そこから飛行機を乗り継いでダボスに行き、午前中のセッションに顔を出し、午後には会議を離れ、日曜日の夕方に日本に戻ってくる。こうした〇泊三日の行程でダボス会議に出席したことも数回あった。

## 国益を損ねる永田町の常識

考えてみれば、国会を一日休めばダボス会議で演説する機会をじゅうぶんに持てるのである。それで議事に大きな支障が出るとでもいうのであろうか。私は永田町の常識が、いまや国益を損ねていると感じている。私も永田町にいたことがあるからよくわかっているが、永田町の感覚からすると、審議日程の変更や大臣の欠席などは到底考えられないのだろう。

しかし世界の常識は違う。自国のプレゼンスを高めることができるのであれば、世界の首脳は躊躇《ちゅうちょ》なくダボス会議に出席するだろう。また、それが可能なのである。

私が経済財政政策担当大臣（内閣府特命担当大臣）になったとき、今、シンガポール首相を務めるリー・シェンロン氏がちょうど財務大臣になった。彼と私は、同じ時期にハーバード大学にいた間柄だ。

そのとき、彼と次のような会話をしたことを覚えている。彼が「今、どういう仕事をしているんだい」と聞くので、私が「朝九時から夕方五時まで国会に縛りつけられている」と答えたら、「お前は一体いつ仕事をするんだ」と笑うのである。シェンロン氏によれば、シンガポールで閣僚が国会に呼ばれるのは一ヵ月に一度程度、予算案で忙しいときでも、せいぜい一週間に一度らしい。

国際社会の中で中国の影響力が拡大し、相対的に日本の立場が低下していることを、河野太郎外務大臣が「日本外交の危機」と称して懸念を表明しているが、こうした永田町の常識こそが日本の外交を危機に陥れているといわざるをえない。

ましてやその国会でこのところ審議してきたことといえば、「森友・加計学園問題」や「線香配布問題」などといったスキャンダルの追及ばかりである。一〇年後、二〇年後を見据えた経済政策など議論される気配はない。政治の世界がこのまま変わらないのであれば、政策力を競い合う世界の動きから、日本は間違いなく取り残される。政策力競争から脱落するだろう。

世界経済はますます統合化している。米国と中国双方が保護主義経済政策を採れば、各国が受ける影響は甚大なものがある。なかでも心配なのは日本だ。二〇〇八年のリーマンショック時、世界で最も打撃を受けた国の一つが日本だった。各国の相場が次第に回復する中、日本市場の低迷は長らく続いた。さらに二〇〇九年には民主党政権が誕生、有効な手立てを打てぬまま、日本経済は弱体化の一途をたどっていった。

日本経済の体力が弱ければ、同じような危機的状況に陥る可能性がある。それを防ぐには平時から地道に経済を強化するしかない。「打ち出の小槌」など存在しない。第四次産業革命の潮流の中、民間企業の創意工夫と活力で独自の技術を開発し、それを展開するマーケットを開拓する。そして、国はその動きを促進するような政策を実現する。こうした当たり前の姿をしっかりと実現しなければならない。

# 第一章　トランプのレームダック化に備えよ

## 世界経済の回復が終わる？

「グレートモデレーション」という言葉がある。「大いなる安定」という意味だ。二〇〇八年のリーマンショック以降、世界経済は着実に回復を続けてきた。米国を中心に世界経済は上向いてきた。国際通貨基金（ＩＭＦ）をはじめ世界のさまざまな国際機関が「二〇一八年の経済は緩やかな景気回復が続く」という見通しを立てた。

私は現在の世界経済に影響を及ぼす事象を「偏西風」と「乱気流」に喩える。吹き続けている「偏西風」とは、ＡＩやフィンテック（金融テクノロジー）などの第四次産業革命による成長である。一方の「乱気流」は突発的に起きる事象のことだ。世界に広がるハイパー・ポピュリズム（超大衆迎合主義）、あるいは北朝鮮のミサイル危機などがそれにあたる。

ところが、ここに来て米国から強い乱気流が広がってきた。ソフトな内容だったダボス会議の演説とは裏腹に、トランプ大統領が強烈な保護主義政策を打ち出してきたのである。

トランプ大統領は二〇一八年三月八日、鉄鋼とアルミニウムの輸入増が安全保障を脅かしているとして、それぞれ二五％、一〇％の追加関税を課す大統領令に署名。続けざまに同月二二日、米国企業の知的財産権を侵害しているとして、最大六〇〇億ドル（約六兆四〇〇〇億円）相当の中国製品に二五％の追加関税を課す大統領令にも署名した。対象商品はＩＴ関連機器や輸送用機器、産業用ロボットなど、約一三〇〇品目にも達した。

この結果、三月二二日のニューヨーク証券市場、翌日の東京証券市場は大荒れとなった。日経平均株価の終値は前日比九七四円安と、五ヵ月ぶりに二万一〇〇〇円台割れとなった。まるで貿易戦争のようなリスクの高まりに、ＯＥＣＤ（経済協力開発機構）は「貿易保護主義は投資活動と雇用などに悪影響を与える最大のリスクだ」と早速警告を発している。

ダボス会議で驚いたことがある。米国運輸長官のイレーン・チャオ氏、国土安全保障長官のキルステン・ニールセン氏らトランプ政権の閣僚クラス三人と「ウォール・ストリート・ジャーナル」のジェラルド・ベイカー編集局長が対談するセッションがあった。ベイカー氏が「その政策を実行すると、確実に経済が悪くなりますね」などと矢継ぎ早に鋭い質問をすると、三人は「それを説明するためにトランプが来るのだから、彼に聞いてほしい」とかわしてばかりいたのである。セッション中に白熱した議論、ときには丁々発止のやり取りがされるダボス会議では、きわめて珍しい光景だった。

トランプ政権は政権を支える各省庁の幹部ポストで空席が目立つ。政権発足後一年以上経つにもかかわらず、次官および次官補レベルの政治任用職員の多くが空きのままだ。これに対して米国のマスメディアが「政府の体をなさない」と批判しているが、今の状態が政権の最終形かもしれないととらえる人もいる。トランプ政権を企業経営になぞらえると、CEOのトランプ氏が「中間管理職はいらない。私がすべての経営判断を下す」と考えている節があるというのだ。

私が不安に思うのは、経済政策の司令塔である国家経済会議（NEC）のゲーリー・コーン委員長の辞任である。彼は米国証券大手ゴールドマン・サックスの社長兼最高執行責任者（COO）を務めた人で、鉄鋼・アルミニウムの輸入制限にも強く反対していた。知り合いである米国の証券関係者も「すごく頭のいい人だ」と評価していた。

コーン氏の代わりに通商政策を担うのは、ピーター・ナバロ通商製造政策局長といわれている。ナバロ氏は反中映画『中国がもたらす死』を制作した対中国強硬派であり、保護貿易主義派である。北米自由貿易協定（NAFTA）も離脱を訴える。仮にそれで世界の超経済大国である米国と中国が全面対決となれば、世界経済には大打撃となる。

米国は世界で最もガバナンスが利いた国である。政治であれば三権分立が確立し、企業であればコーポレートガバナンスが確立している。たとえば、トランプ大統領は一〇年間で一兆五〇〇〇億ドル（約一六〇兆円）という巨額の減税を実施して話題になったが、実際に予算をつくったのは議会であり、トランプ大統領の当初のプランからは縮小したものだった。また高級官職の任命には上院の承認が必要となる。

私はトランプ政権の行く末に対し比較的楽観的だったが、この一年半の政権運営を見ると、必ずしもそうとはいえなくなってきた。米国発の制御不能な突風が起きても、けっして不思議ではない。

## 二国間の赤字を騒ぐナンセンス

米国商務省が二〇一八年二月六日に二〇一七年の貿易統計（通関ベース）を発表した。これによると、モノの貿易赤字は前年比約八％増の七九六二億ドル（約八六兆八〇〇〇億円）。国別に見ると、第一位の中国が過去最高の三七五二億ドル（約四〇・九兆円）を記録、七一一億ドル（約七・八兆円）のメキシコがそれに続いた。日本は第三位で、貿易赤字は前年とほぼ横ばいとなる六八八億ドル（約七・五兆円）だった。

トランプ大統領は記者会見で「対中貿易で年間何千億ドルもの損失を出し、日本やメキシコなどとの間にも貿易不均衡がある」と主張してきた。これからも、こうしたアピールを繰り返すのであろう。

しかし、本来二ヵ国間の貿易収支を問題にするのは意味がない。日本とサウジアラビアの貿易収支を考えてみればわかる。二〇一七年の二国間の貿易収支は、約二・七兆円と日本の大幅赤字となっている。対サウジ貿易収支は一九八〇年代終わりからずっと赤字となり、二〇〇〇年代からはほぼ毎年、兆単位の赤字を出している。

では、日本人でこの赤字を問題視する人はいるだろうか。いるわけがない。日本が巨額の赤字になるのは、サウジアラビアから大量の石油を輸入するからだ。日本の主要なエネルギー源であり、さまざまな製品の原料となる石油が絶たれたら、日本の産業は立ち行かなくなる。

実は、これは新しいようで古い話である。今から約二四〇年前、「経済学の父」と呼ばれる英国人経済学者、アダム・スミスが著書『国富論』の中で答えを出している。当時の英国はライバル、フランスからの輸入品に高関税をかけようとしていた。

これに対し、アダム・スミスは「ポルトガルやドイツの製品と比較して、フランス製品のほうが安ければ、フランスから買うのが得になる。それに輸入したフランス製品のすべてを英国で消費するわけではない。第三国に再輸出されるものもある。その貿易による利益を無視すべきではない」と保護貿易主義を牽制《けんせい》したのである。

実際、米国は巨額の貿易赤字が続いているが、経済は絶好調といっていい。二〇一七年の経済成長率は二・三％、二〇一八年もＩＭＦは二・九％と予測する。対照的に、貿易黒字の日本の経済成長率は二％をなかなか超えない。予想以上に好調といわれている二〇一八年の経済成長率でさえ、一・二％（ＩＭＦ二〇一八年四月予測）がやっとである。つまり、貿易赤字、とりわけ二国間の赤字を騒ぎ立てるのは、まったくナンセンスなのだ。

アダム・スミスは「何より消費する目的で、私たちは生産するのである。このため、生産者ではなく、まずは消費者の利益を優先すべきだ」と説いた。

米国の貿易赤字が拡大している大きな要因は、好調な米国経済に支えられた旺盛な企業投資と個人の消費にある。自動車部品や飲食料品などの輸入は過去最高となり、産業機械などの資本財の輸入も大幅増加した。関税がかかれば、こうした輸入品の値段が上がる。かれらの仕事や生活に直接打撃を与えることになる。

多くの米国の大学で使われるテキストの一つの邦訳版、『マンキュー入門経済学（第二版）』（東洋経済新報社）の中のコラム「誰が経済学を勉強するのか」に、経済学を専攻して成功した人たちのリストがある。

著者であるハーバード大学のグレゴリー・マンキュー教授は、ジョージ・H・W・ブッシュ氏（第四一代米国大統領）、アーノルド・シュワルツネッガー氏（俳優・元カリフォルニア州知事）、ミック・ジャガー氏（ロックシンガー）らとともに、トランプ氏の名前を挙げている。トランプ氏はアダム・スミスから何を学んだのだろうか。あるいは意図的に無視しているのかもしれない。

## トランプ大統領に雇用は守れない

巨額の貿易赤字を問題視するトランプ大統領は、約二五年前に米国、カナダ、メキシコ三国間で締結されたＮＡＦＴＡを目の敵にしてきた。貿易と投資の障壁をなくした画期的な協定が攻撃されるのは、きわめて残念なことだ。

ＮＡＦＴＡが結ばれた直後の一九九四年、私はＮＨＫ総合テレビ「竹中平蔵のスーパ

ーセミナー　新地球経済への挑戦」という番組で、米国とメキシコに渡り、協定に関係するさまざまな立場の人を取材したことがある。当時、世界のGDPの三割近くを占める経済圏の成立に、とくに米国は沸き立っていた。

米国有数のシンクタンク、ブルッキングス研究所のバリー・ボスワース上級研究員は「われわれが世界の中で競争していかなければならない相手は、高い賃金を出している日本やドイツの国々などなのです。極端に貧しくて低賃金の諸国との競争は、われわれにとってなんの心配もありません。こうした諸国とは、お互いに利益を分かちあえるのです」と自信満々に語っていた。

それもそのはず、NAFTA締結後の約九ヵ月間で、米国はカナダ、メキシコ向けの輸出量を前年同時期に比べて一四％も伸ばしていた。メキシコが自国の産業保護のために実施していた輸入制限や関税を撤廃したからである。

NAFTAの見直しをはじめ、米国が始めようとしている保護主義政策はけっして自国の産業のためにならない。こうした政策は米国のグローバル企業が一九八〇年代からつくり上げてきたサプライチェーンを破壊する危険性がある。

ノーベル経済学賞を受賞したポール・クルーグマン氏（ニューヨーク市立大学大学院セ

ンター教授）がツイッター（二〇一七年二月四日）で、米国ニュースサイト「BUSINESS INSIDER」の記事を紹介している。

この記事では、米国ボーイング社の中型ジェット旅客機「ボーイング７８７ドリームライナー」の部品が、どこの国で製造されているか紹介している。これによると、エンジンは米国・英国製、主翼とバッテリーは日本製、翼端は韓国製、水平尾翼はイタリア製、インテリアはインド製、ドアはフランス製という具合に、一〇ヵ国以上の部品で構成されている。ＮＡＦＴＡ加盟国のカナダは主翼の後縁フラップ、メキシコも逆推力装置を製造している。

グローバル企業は品質や納期、価格などに優れた部品を、まさしく世界中から集めて完成品にしているのである。トランプ政権が高関税をかけると、こうした完全に出来上がったサプライチェーンを企業は一から見直さなくてはならない。

若い世代の読者の皆さんにはなじみが薄いだろうが、私たちの世代が大学で経済学を勉強するときに使ったテキストは、ノーベル経済学賞を受賞したポール・サムエルソン氏らが書いた『サムエルソン経済学』である。その序説で「合成の誤謬」について解説している。これは「個別のおこないとしてはけっして間違っていないが、全体で見ると間違っている」というような意味である。

ミクロ的には正しい政策でも、マクロで見ると間違っていることがよくある。大統領選挙時からトランプ氏は「米国の雇用を守る」としきりに強調するが、結果的に自由な貿易が妨げられると、企業の経済活動が損なわれる。それによって経済成長率が低下したら、最終的に米国全体で雇用が失われる結果になる。

二〇〇二年三月に、ジョージ・W・ブッシュ大統領が鉄鋼の緊急輸入制限（セーフガード）を断行した。その年に開かれる中間選挙を睨んで、伝統的に鉄鋼業が盛んなウエストバージニア州やペンシルベニア州などでの集票が、その背景にあったとされる。ところが、この結果、自動車産業や住宅産業などでコスト高を招き、全米で約二〇万人の雇用が失われたというのが今や定説である。

**エビデンスより「エピソード」**

前記のクルーグマン氏も怒りのコラムを「ニューヨークタイムズ」（日本版は「朝日新聞」二〇一七年一月一三日に掲載）に書いている。

内容は「トランプ次期大統領の口先介入で、米空調大手のキヤリア社がメキシコへの雇用移転を止めた。これによって八〇〇〇人の雇用が守れたというが、巨大な経済を持つ米国では毎日七万五〇〇〇人がリストラされている。市場のメカニズムを歪めてまで、八〇〇〇人を守ったことにどのような意味があるのか」というものである。

これまで私はいろいろな政府の会議に出席してきたが、一つがっかりすることがある。出席した民間議員の多くが、「自分の会社では」という話をするのである。もちろん参考になるものも少なくないが、会議には知識人あるいは専門家として入っているのだから、「うちの会社では」という話をしてはいけない。政策論は実証に基づいた「エビデンス」をベースにすべきである。

大抵の経済学者は自由貿易が望ましいと考える。自由貿易によって資源の最適な配分が実現され、経済の効率性が高まり、その結果として仕事が増え、世界全体の富が大きくなるというエビデンスがあるからである。

ところが、トランプ大統領以降の米国では「エピソード」があふれ、それによって政策が決められようとしている。エピソードとは「興味深い短い挿話」というような意味で、どちらかといえば話の本筋とは関係がないものが多く、たとえば、「メキシコの自動車工場でつくられたクルマが輸入されるので、アメリカの街が失業者でいっぱいだ」

という類いの話だ。

トランプ大統領がエピソードとしてよく使うのが「ラストベルト」である。「錆びついた地帯」という意味で、五大湖周辺のインディアナ州、オハイオ州、イリノイ州、ペンシルベニア州などが含まれる。かつては石炭や鉄鋼、自動車など、重工業や製造業の中心地として栄えていたが、こうした産業の凋落《ちょうらく》で、今では街はさびれて、たしかに一時は失業者も多かった。

トランプ大統領はこの原因を中国やメキシコ、日本などのせいにしようとしているが、それはエビデンスとは違う。当の米国の政府関係者が語っているのだから間違いない。

ロナルド・レーガン大統領の経済政策アドバイザーだったアーサー・ラッファー氏らは、二〇〇九年刊行（日本版）の自著『増税が国を滅ぼす』（村井章子訳／日経BP社）の中で以下のように述べている。

「テキサスは、二〇〇四年から現在までに製造業で三万六〇〇〇の雇用増を記録。同州は六年連続で輸出高全米トップの座を維持しており、二〇〇七年の輸出高は一六八〇億ドルに達した。（中略）オハイオとミシガンでは自動車関連の雇用が激減したが、両州にあった自動車工場は中国やメキシコへ逃げ出したわけではない。企業誘致に熱心なテキサスに移ったのだ。たとえばこのほどGMは、ハイブリッド車の生産工場の建設を発表した。中国に、ではない。テキサス州アーリントンに」

米国企業または米国に進出した企業は税率が高いオハイオ州などを嫌って、NAFTAの玄関口で、税金も安いテキサス州に移っていた。今やトヨタ自動車やパナソニック、クボタなどの日系企業も、テキサス州に北米の拠点を置いている。ラストベルトが凋落した一つの大きな要因は、州対州という国内の地域間競争に敗れたからだ。

実は一九七〇年代に始まった日米オレンジ自由化問題でも同じ構図があった。当時、カリフォルニア州のオレンジ業者は、すでに日本の商社と取り引きしていた。そこにフロリダ州のオレンジ業者が別の日本商社と組んで、日本市場に参入しようと画策したのである。オレンジ交渉は、日本市場を独占しようとするカリフォルニア州の業者と、新たに参入しようとするフロリダ州の業者との争いという側面があった。

ラストベルトの問題のかなりの部分は、国内の富の再分配で解決するのが本来、筋なのである。

## 貿易摩擦の火種になる中間選挙

政策論はエビデンス重視でされるべきだが、二〇一八年後半もトランプ政権はエピソード重視に走るだろう。それは一一月に米国で中間選挙が開かれるからだ。上院議員の三分の一、下院議員全員が改選となる。

今から三五年前、一九八〇年代半ばに日米間で激しい貿易摩擦が起こった。通りに集まった米国市民がハンマーを使って日本車やラジカセを叩き壊すニュース映像はショッキングだった。マクロ経済から見ると、その頃の米国経済は今と同じく、けっして不調とはいえなかったが、膨れ上がった対日貿易赤字に対する鬱憤《うっぷん》が、米国の一部政治家や労働者にマグマのごとくたまっていた。

当時、両国間で起きた経済摩擦の実態を『日米摩擦の経済学』（日本経済新聞社）という一冊にまとめた。その中で米国上院議員のうち、どのような要件を満たす議員が保護主義的になるか統計的に分析してみた。

すると経済的要因では予想通りというべきか、①選出州労働者の平均年収が低い、②選出州の失業率が高い、③その州の製造業雇用者全体に占める輸出関連企業の雇用者の比率が高い（為替がドル高だった場合）、④製造業雇用変化率の増加率が低い・減少している、という四つの要因が、議員が保護主義的であるかどうかを決める重要な役割を果たしていた。

今回の中間選挙でも、トランプ政権およびラストベルトをはじめ経済の衰退に喘ぐ州に属する議員が、得票目当てで中国や日本などへのバッシングを始める可能性がある。

トランプ政権は、次の選挙に勝つことが最大の目的になっている。世界の秩序や自由貿易がどうあるべきかなどは考えていない。卓袱台《ちゃぶだい》返しも気にしない。法人税の大幅引き下げで話題になったトランプ減税でも、それをうかがわせるような改正をしている。これまで地方税・州税などを連邦税からほぼ上限なく控除できる制度があったが、それに一万ドル（約一〇八万円）の上限を設けたのだ。

このため、もともと地方税・州税が高い地域は、連邦税が増えて増税になる。どこかといえば、民主党支持者が多いニューヨーク州、カリフォルニア州といった地域である。逆に地方税・州税が安い中西部や南部の諸州は増税にはならない。ここは伝統的に共和党支持者が多い、いわゆる「赤い州」である。つまり、トランプ大統領を支持していない地域だけが不利となるような税改正である。

トランプ政権が打ち出した保護主義政策に対し、中国の習近平国家主席は二〇一八年四月一〇日、外資出資規制の大幅緩和や自動車関税の大幅引き下げ、知的財産の保護を表明した。トランプ大統領もそれをツイッターで「習主席に感謝」と歓迎、米中両国による制裁合戦はひとまず収まりそうな気配もある。

私はもともと世界が固唾をのんで見守っている二大経済大国の全面対決は、最終的にはないと見ていた。それは米国にとって中国経済が「トゥー・ビッグ・トゥ・イグノア」、大きすぎて無視できないからである。対米貿易で膨大な黒字を抱える中国を牽制しながら、決定的な争いを避けるのではないかと考えている。もはや、どの国であっても急拡大してきた中国市場にアクセスできないと、今後の経済成長は望めない。

とはいえ、トランプ政権はディール（取引）が大好きである。交渉で譲歩を引き出す目的なのか、鉄鋼・アルミの追加関税策も、NAFTA再交渉中のカナダとメキシコ、米韓の自由貿易協定（FTA）再交渉中の韓国などを対象から外した。中間選挙に向けた政権浮揚策として、短期的には主要貿易国に対し強硬姿勢を取り続けることがじゅうぶんに考えられる。

米国、中国は日本企業にとって最大の輸出先である。両国がそれぞれ保護貿易政策を採れば、日本企業に大変な損害が出るだろう。また、貿易摩擦が高まれば、短期的に為替市場はリスク回避の円買いに走る可能性がある。為替相場が円高に振れれば、ここまで業績を回復させてきた日本企業にとって、こちらも手痛い打撃になる。

ただし、私がそれ以上に恐れるのは、トランプ大統領が率い、上下両院とも過半数を占める共和党が一一月の中間選挙に敗れた場合である。三権分立が確立した米国で大統領に権限があるのは、どこに軍隊を派遣するかとか、中東をどうするかといった安全保障の問題である。「レームダック（死に体）」になったトランプ政権が支持率回復を狙って、思い切った軍事行動に出ることもあり得る。

二〇一七年一二月には、世界中の反対を押し切って、イスラエルの首都をエルサレムと認定、大使館を同地に動かす宣言をした（二〇一八年五月一四日に移転完了）。こうした予想もつかない行動をするのが、トランプ大統領のいわば真骨頂である。過激な軍事行動を取れば、日本の安全保障にも間違いなく関わってくるはずである。世界経済の大混乱は避けられない。

私たちはトランプ大統領の下で何が起こるか、今まで以上に注意深く見ていく必要がある。

## 反移民政策で米国経済を弱体化

政府が誤った経済政策を採ると、中長期的に国の経済は間違いなく弱くなる。私はトランプ政権が本当に今のままの経済政策を続けるなら、米国経済は四年、五年先には必ず弱くなると考えている。

トランプ政権の政策で私が一番誤っていると思うのは、移民政策である。バラク・オバマ政権時代に導入された「幼少期に親に連れられて入国した不法移民の強制退去を猶予する制度（DACA）」をトランプ大統領は撤廃しようとした。

米国のイノベーションを支えてきたのは米国生まれの米国人だけではない。電気自動車や宇宙輸送事業を手がけ、世界のビジネス界で最も注目されている実業家イーロン・マスク氏はアメリカ国籍を取得したが、もともとは南アフリカの生まれである。グーグルの共同創業者セルゲイ・ブリン氏もアメリカ国籍を取得したが、旧ソビエト連邦（現・ロシア）出身だ。世界から集まった優秀な頭脳がイノベーションを創り出している。ちなみに、革新的ビジネスは、今のところ米国からしか生まれてこない。

イノベーションを起こすには刺激が必要だ。イノベーションとは、二〇世紀を代表する経済学者、ヨーゼフ・シュムペーターの定義によると「新結合」である。これはダイバーシティ（多様性）がないと生まれない。日本でダイバーシティというと、女性・高齢者や障害者を対象にすると思われているが、外国人を増やすことも重要なダイバーシティだ。

この点で、トランプ大統領の移民政策は、米国のイノベーション力を間違いなく削ぐ。当面はそれほどでもないかもしれないが、中長期的には必ずネガティブな影響が出てくる。そのため、グーグルやフェイスブック、アップル、マイクロソフトなど、米国経済を支える巨大企業が軒並み、DACAの廃止に反対しているのである。

米国の歴史を一言で表すなら、それは「フロンティア」だ。一九六〇年、ジョン・F・ケネディが颯爽《さっそう》と登場してきたとき、「今こそフロンティアスピリットを思い出そう」といったが、もともとは一八九三年にフレデリック・ターナーという歴史家が「米国史におけるフロンティアの意義」という良質の論文を書いていた。

宗教迫害を逃れて欧州から米国に辿りついたピルグリム・ファーザーズ（巡礼始祖）が最初に住み着いたのはマサチューセッツ州のプリマスである。しかし、かれらはそこで止まろうとはしなかった。一八四八年頃にはゴールドラッシュも起こり、一八九〇年くらいまで西へ西へと開拓していった。新しく開墾したところは自分の土地となる。

しかし、西の端まで行きつくと、米国民の自助自立の精神を養ってきたフロンティアがなくなってしまった。この後の米国はどうなるという問題提起をターナーはしたわけである。

二〇世紀に入ってから米国は経済的、軍事的に莫大な力を持つが、一九六〇年代に入ると戦後復興した欧州各国や日本などが経済力を増して、米国は相対的に、みるみる力を失っていく。その頃の米国はやはりフロンティアに欠けていた。そこで米国民は若きケネディに賭けたのである。

ところが、一九八九年に新しいフロンティアができる。それが冷戦終焉とグローバリゼーションだ。マーケットが広がって世界中がフロンティアになる。ほぼ同時期にデジタル革命が起こって、技術的にもフロンティアが広がり、再び米国が大きく力をつけた。

ところが、今の米国には新しいフロンティアによってビッグチャンスをつかむ人がいる一方、フロンティアに辿りつけない人も増えている。経済的にパソコンを買うことすらできない、またはＩＴ教育を受けておらずインターネットを使えない人たちである。

米国は先進国では珍しく平均寿命が低下傾向にある国だ。とくに薬物依存やアルコール中毒によって、白人低学歴層の死亡率が目立って上がっている。かれらのベースにあるのは米国社会への深い絶望だ。深刻化する経済格差が米国のフロンティア精神を鈍らせている。そして、かれらは反移民政策を主張するトランプ大統領を強く支持するのである。

## 中国人のようになりたいか?

一九八〇年代の日本、そして現在の中国に対して、米国政府は強硬姿勢で貿易赤字の改善を求めてくる。まるで怒りを抑えられないかのように。この米国の怒りの根底には何があるのか。

かつて日米経済摩擦が起きたとき、私は国際会議に毎月のように出席していた。深い内容のディスカッションができるようになると、かれらが会議の最後の最後に本音を吐いた。それが「Do we have to be like you?」である。「私たちは(何で)あなたがたのようにならなくてはいけないのか」ということだ。

日本人はウサギ小屋に住んで、過労死するほど働かされる。そうなるのは絶対に嫌だという感情が、かれらの根底にあった。同じ感覚を今、米国人は中国に対して感じている。中国はものすごい勢いで発展しており、たとえば中国のEコマース企業、アリババグループの売り上げはアマゾンの三倍になった。しかし、中国には表現の自由もなければ、法の支配（rule of law）も確立されていない。かれらがこうしたものを犠牲にして経済成長していることを、おそらくは辛辣な目で見ている。

中国の成長性について、米国の経済学者の中でも高く評価する声が少なくない。中国共産党大会で習近平国家主席は建国一〇〇周年となる二〇四九年までに、世界をリードする「社会主義現代国家を完成させる」と宣言した。

ポーランドの経済自由化を指導した経済学者ジェフリー・サックス氏は、この発言を「習近平氏のムーンショット宣言だ」と講演で述べたそうだ。ムーンショットとは、ケネディ大統領が一九六一年に「一九六〇年代が終わるまでに月に人類を送る」ことを宣言し、困難を乗り越えて到達したことに由来する言葉である。米国では、壮大な目標を掲げて実現を目指すプロジェクトを指すときによく使われる。

しかし、私は中国の将来について、そうそう楽観的にはなれない。それは中国では経済の自由化と法の支配が確立していないからだ。

たとえば、街を歩けば、知的財産権侵害の取り締まりが緩く模造品があふれている。一方で中国に進出した外国企業に共産党組織を社内に設置することを要求する。あるいは中国企業との合弁会社を設立させ、外資企業側に最先端の技術を開示させる。

自国第一の強引な要求を繰り返す中国に対し、これまで大目に見ていた欧州各国も、国の文化力に基づく「ソフトパワー」に対して「シャープパワー」と呼び（米国シンクタンク、NED＝全米民主主義基金による）、警戒を強めている。巨大な経済力を背景にして自国の制度や文化を押しつけるような、独裁国家型のパワーだ。

ここまで中国は国が経済を管理・保護する「国家資本主義」体制で、急速な経済発展を遂げてきた。しかし、法の支配が確立した真に自由な市場がなければ、シュムペーターが語った真のイノベーションは起こらない。事業で稼いだお金がきちんと自分のものになるという確信を持てなければ、新たなビジネスにチャレンジしようというインセンティブが働くわけがない。これは資本主義の根本の問題である。

ただでさえ中国経済には企業、個人ともに過剰な債務を抱えるというマイナス面がある。このままの経済体制を続けるのであれば、私は中国の経済成長は次第に頭打ちになると見ている。中国の一人当たりGDPが一万ドル前後で停滞するという「中所得国の罠」に陥る確率もけっして低くはない。

ただし、注意しなくてはならないのは、日本にとって中国は米国と並ぶ貿易相手国であるということだ。経済的結びつきが強まっている以上、中国の経済成長の鈍化は、日本経済のためにはならない。長期的には日本の損失になる。日本にとってベストな状況とは、中国に経済発展してもらい、自由な商取引をすることだ。この点をけっして忘れてはならない。

## 世界経済危機を招く米国の利上げ

世界経済が「大いなる安定」状態で、各国の株式市場もここしばらく「ゴルディロックス（適温）相場」が続いてきたが、突風が起きる可能性をまだ捨てきれていない。

一九八七年のブラックマンデー、一九九七年のアジア通貨危機、二〇〇七年のサブプライムローン危機……。その頃と違って過剰資金は一つの地域に集中していない。だから、あまり脅かすつもりはないが、これまでの世界経済は約一〇年に一度の周期で大きな危機が起きている。このことは、頭の片隅に置いておいたほうがいいだろう。

私が突風になりうると思うのは、一つがこれまで述べてきたトランプ政権の保護主義政策、もう一つが米国の金利上昇である。

まずトランプ政権が財政政策として、大型の減税とインフラ投資を実施する。その結果、資金需要が高まると、市場金利は上昇することになる。二〇一八年になって米国の長期金利（一〇年国債利回り）は、徐々に上がりはじめている。また四月下旬には、金融機関が互いに資金を貸し借りする短期金融市場の指標となるロンドン銀行間取引金利（ＬＩＢＯＲ）も急騰した。

こうした状況に加えて、金融政策面で、米国の中央銀行、連邦準備制度理事会（ＦＲＢ）の政策金利（フェデラル・ファンド金利）の引き上げが重なる。二〇一八年二月、ＦＲＢ議長にジェローム・パウエル理事が就任した。そのパウエル氏の初となる議会証言での発言を聞いた市場関係者の中には、ＦＲＢの利上げのテンポが早まると見る向きが増えている。かれらの多くは、政策金利の引き上げ観測をこれまでの年三回から年四回に改めている。この場合、ＦＲＢはすでに三月に一度金利を〇・二五％引き上げているので、年内にもう三回利上げを実施することになる。

世界経済を牽引する米国の金利上昇は、各国経済に深刻な影響を及ぼす。二〇一五年に実施された利上げでは、世界中の投資資金がドル建ての資産に向かった。この結果、為替相場ではドル高が進み、ブラジルやインドなどの新興国の為替レートが全般的に下がった。新興国はインフレを恐れて金融引き締めをしたため、それまでの経済成長に急ブレーキがかかった。

私が最も心配するのは米国内の債務問題である。サブプライムローン危機以降、住宅ローン残高はほぼ横ばいだが、代わりに自動車、学生、クレジットの三ローンの残高が、この一〇年で二・二兆ドル程度から三・三兆ドルに急増しているという。[*1] ローン利用者の多くが低所得者層だけに、市場金利の上昇に伴って、ローン金利が上がった場合、返済困難になる人が急増するはずだ。下手をするとサブプライムローン危機の二の舞になりかねない。

米国の金利上昇は、日本にも確実に影響が出る。利上げをすると株式相場から債券相場などへ投資資金が流れるため、米国の株式相場は下げ基調になる。それにつられて日本の株式市場も弱気な展開になりやすい。

また、米国の金利上昇が早いペースで進めば、それは日本の金融市場への金利上昇圧力にもなってくる。あまりメディアで騒がれていないが、実は日本も国内債務問題を抱えている。一時、相続税対策などとしてマンション投資が流行ったため、日本でも不動産融資残高が増えているのである。不動産貸し付けの九割は変動金利だ。以前、米国の金融関係者に会って話した際、かれらは「貸付金利が上がりはじめたら、日本でも不動産ローンを返済できない債務不履行の問題が表面化する」と指摘していた。

私はけっして悲観論者ではないが、一方で世界経済の行く末をけっして楽観視していない。今のうちに日本の経済の足腰を強くしておかないと、米国からの突風に吹き飛ばされかねない。リーマンショック時には、〝震源地〟の米国よりも日本の株式市場のほうが痛手は大きかった。私が口を酸っぱくして構造改革を唱える理由もそこにある。

# 第二章　リープフロッグを日本のチャンスに変えよ

## 中国人が驚くIT後進国ぶり

日本を訪れた中国人観光客がびっくりすることが二つあるそうだ。一つは町の商店街で見かけるのが高齢者ばかりだということ、もう一つは日本人が現金を使って買い物をすることだという。

読者の方々は普段の生活で、スマートフォンの買い物アプリや電子マネーをどの程度、使っているだろうか。都会に住んでいても、案外、通勤・通学の電車代やバス代の支払いに使う程度の人が多いように思う。

ITなどデジタルな革命が世界に広がったことで、先進国、発展途上国を問わず、世界ではキャッシュレス化が一気に進んだ。中国に行けばわかるように、上海などの大都市で暮らす人は、日常生活で現金を使うことがほとんどない。多くの人がスマートフォンのアプリを使って、コンビニやスーパーでの買い物代やタクシー代などの交通費を支払っている。私の友人で北京大学のある教授がホームレスに寄付しようとしたら、「WeChat（ウィーチャット／中国で普及しているスマホアプリ）で払ってくれ」といわれたという、嘘のような本当の話もある。

多くの国でキャッシュレス化が進んでいる一方、日本はキャッシュ決済にまだ依存している。クレジットカードや電子マネーといったキャッシュレス決済の割合は、わずか一八%。これに対して、韓国は八九%、中国は六〇%、米国は四五%である（経済産業省二〇一五年統計）。出張や旅行で地方に行けばわかるが、買い物でいまだにクレジットカードすら使えない店がある。

日本では独自の進化を遂げた多機能な携帯電話を「ガラケー（ガラパゴス・ケータイ）」などと自嘲気味に呼んでいるが、買い物の面でも日本はガラパゴス化しようとしている。「日本は現金を持っていても安全な国だから」などと、したり顔で語るコメンテーターもいるようだが、それはまったくもってトンチンカンな解説である。

金融は情報であり、スマートフォンなどのモバイル決済は、それによってビッグデータがたまることに大きな意味がある。グーグルやアマゾンなど、世界のIT企業はそれを活用して、新たなビジネスチャンスをつくり出そうとしているのだ。このままだと日本は世界の潮流に取り残された国となる。

日本人は中国やインドなどといった国々に対し、いまだに発展途上国というイメージを持っている。しかしそれらの国々は、今や米国と同様、第四次産業革命の担い手として成長しつつある。最先端産業で日本はキャッチアップを許し、一部の分野ではリードされようとしている。この厳しい現実を日本人はきちんと受け止めなくてはならない。

## インド版孫正義の個人認証制度

以前、インドのデリーの露店の写真を見てショックを受けたことがある。店の前に「支払いはスマホで」という紙が貼ってあるのだ。

世界的なニュースとなったが、二〇一六年一一月、インドのモディ首相が高額紙幣の廃止を宣言した。一〇〇〇ルピー（約一七〇〇円）と五〇〇ルピー紙幣の使用を停止したのである。一〇年以上前のマンモハン・シン政権の頃から、インド政府は現金依存型経済からの早期脱却を図っていた。

その旗振り役となったのが、世界的ITサービス企業インフォシスのCEOだったナンダン・ニレカニ氏である。彼がすごかったのは、民間企業のトップでありながら、シン政権に働きかけて、日本でいうところのマイナンバー制度を主導したことだ。国家機関としてマイナンバーを担当するインド固有識別番号庁（UIDAI）を設立させ、インフォシスCEOを退任して、同庁の初代総裁に就任したのだ（現在は退任）。日本でいえば、ソフトバンクグループ創始者の孫正義会長兼社長が初代長官になるようなものである。

日本のマイナンバーカードは全国民が持つことを目指しているはずだが、二〇一八年三月時点で発行枚数はまだ約一三六七万枚だ。つまり一〇人に一人くらいしか持っていない計算になる。一方、インドのマイナンバー制度「Aadhaar（アドハー）」は指紋や虹彩を登録するシステムだが、今や総人口約一三億二〇〇〇万人のうち約一一億六〇〇〇万人が登録している。

このアドハーの普及によって、国民の間で銀行口座の開設や携帯電話の加入が急増した。二〇一七年一〇月時点の銀行口座数は約二・九億口座、預金残高は六三六七億ルピー（約一・二兆円）、携帯電話の契約数は二〇一五年には一〇億台を突破し、普及率は八七％に達したという。[*2] こうした状況がベースになって、インドではスマホなどのモバイルを使った電子決済が一般的になった。

インド最大手の電子決済サービス「Paytm（ペイティーエム）」は、ＱＲコードを使った決済システムを提供している。買い物代のほか、携帯料金、電気代、タクシー代などの支払いもできる。銀行口座を開けない人のために、電子決済口座は銀行口座からの入金だけでなく、専用端末からの入金にも対応する。ペイティーエムを創業したビジャイ・シャルマ氏はツイッターで利用者数が二億人（二〇一八年二月末）を超えたことを発表している。

インド政府が高額紙幣を廃止したとき、偽造紙幣や汚職・犯罪等に絡んだ不正資金洗浄の根絶が理由だといわれたが、それは目的の一つにすぎない。第四次産業革命やフィンテックが本格的に進行すると、最終的に重要になるのが個人認証のインフラとビッグデータである。インド政府の狙いは、高額紙幣の廃止と個人認証制度の導入を併せて進めることで、デジタルエコノミーの分野で世界最先端に立つことにあった。

先進国の場合、キャッシュレス決済はクレジットカードやデビットカードなどの段階を経て、スマホを使うようになった。ところが、インドでは途中の段階を省略して、モバイル決済が一般的になった。ＩＴ技術の普及がそれを可能にしたのである。

インドでは固定電話の整備が遅れていたため、携帯電話が急激に大衆化したことも、それを後押ししたはずだ。日本のように固定電話システムがきちんと整備された地域では、かえって携帯電話の普及は遅れた。

最近、よく使われる経済用語に「リープフロッグ」がある。直訳すれば「飛び跳ねるカエル」だ。これは新興国で最先端の技術やサービスが一気に普及することを指す。リープフロッグ現象で発展途上国から先進国に負けない、あるいは先進国を超えるような産業が生まれる現象が起きようとしている。

## 南アでスマホが普及した理由

二〇一七年、私はアフリカ大陸に二度渡り、ケニアと南アフリカを訪問した。そのときにもずいぶんと驚かされたことがある。やはり実際に足を運ぶと、日本から見ている景色と現地で起きていることがまったく違うことを肌で感じる。

ケニアに行ったときは、首都ナイロビから約一時間セスナに乗って、ケニア南西部、タンザニアの国境添いにあるマサイマラ国立保護区を見学した。広さは大阪府とほぼ同じ面積の約一八〇〇平方キロメートルもあり、この広大な自然の中にシマウマやガゼル、チーター、ライオンなどの野生動物が生息する。

ここで試しにＷｉ－Ｆｉ（ワイファイ）が使えるかスマホを起動させると、何と通じたのである。海外からの観光客が不満としてよく挙げるように、日本では東京の都心でもワイファイが使えないことがある。これこそがリープフロッグだと実感した。

南アフリカのヨハネスブルクでも携帯電話はごくごく当たり前に普及していた。ヨハネスブルクに行く前、周りの人たちが口を揃えて「世界の三大犯罪都市だから注意してください」とアドバイスしてくれたが、O・R・タンボ国際空港から市内に向かう片道四車線の高速道路を走っていると、隣の車線をピカピカの新車がものすごい勢いで飛ばしていく。高速道路の向こうに見える家はどれも立派で、まるでワシントンのダレス国際空港から市内までの道路を走っているようだった。

ヨハネスブルク郊外のサクソンホテルも、ニューヨークのセントレジス・ニューヨークやパリのフォーシーズンズ・ホテル・ジョルジュサンク・パリに勝るとも劣らない豪華ホテルだった。ただし、アパルトヘイト（人種隔離政策）で問題になったソウェト地区には、いまだにスラム街があり、同じヨハネスブルクといっても社会の格差はきわめて大きいものがあった。

ヨハネスブルクではある人から「今や国民の七〜八割がスマホを持っている。十数年前、あることをきっかけに急激に携帯電話が普及したが、それが何かわかるか」と聞かれた。すぐに答えを思いつかなかったが、それは日本では姿を消しつつあるプリペイドカードだった。

私たちの感覚ではNTTドコモであろうと、ソフトバンクであろうと、スマホは長期契約して使うものである。ところが、かれらには長期契約の概念がない。考えてみれば、契約書をつくるには身分証明書がいる。勤め先が給料を安定的に出さなければ、毎月一定額の通話料を支払うのも辛い。ハードルは意外に高い。

そこに入ってきたのがプリペイドカードというわけだ。これならたまたま手元にお金があるときにさっと買って、遠く離れた家族と連絡をとることができる。その便利さが南アフリカ人に受けて、誰もがスマホを持つようになった。このことは、必要とされる技術は、経済の発展段階や文化・風土によって大きく異なることを意味している。

## アフリカの次世代リーダーが育つ

私が南アフリカを訪問した理由の一つは、現地の二つの学校から招待されたことにある。

南アフリカは高い成長を遂げた時期もあったが、現在は不況で成長率が伸び悩んでいる。二〇一七年の一人当たりの購買力平価GDPは一万三五四五ドルで、日本（四万二八三二ドル）の三分の一程度である。

それでも南アフリカは義務教育に国を挙げて取り組んでいる。意外と知られていないが、南アフリカはGDPに対する政府の教育費の割合が、世界で最も高い国の一つだ。その象徴がヨハネスブルクにある「アフリカン・リーダーシップ・アカデミー（ALA）」である。

アフリカの次世代のリーダーを育てるための全寮制の高校で、世界中の有力企業がスポンサーになって運営費を出している。アフリカ全土から集められた学生は、洒落た制服を身につけ、美しい校舎で勉学に励む。私は生徒たちとディスカッションしたが、ものすごく優秀だった。聞けば、卒業生の八割くらいがハーバード大学やエール大学といった米国の有力大学に進学するそうだ。

訪問したもう一校が南アフリカの公立大学、プレトリア大学である。南アフリカの首都はヨハネスブルクではなく、このプレトリアだ。私は大学で講演をおこない、最後に学生たちと質疑応答の時間を持った。かれらは日本に対する関心も高く、きわめていい質問をしてきた。

たとえば、「どうして日本はバブルになったのか。そしてバブル崩壊のあと、なぜ経済が大きく落ち込んだのか」、あるいは「今、なかなか例を見ない金融政策を採っていると聞くが、その弊害は何なのか」といった具合である。日本経済のファンダメンタルズ（基礎的条件）に関するものが多かった。かれらの知識と関心レベルの高さの一端がうかがえた。

二〇一八年は明治維新一五〇周年となる。明治政府は近代国家の基礎は教育にあるとして、義務教育制度をいち早く創設、のちにそれが日本を経済大国に押し上げた。南アフリカも教育制度を充実させ、一〇年後、二〇年後のリーダーを今、一生懸命、育てようとしている。その姿に感銘を受けた。

ただし、南アフリカの教育関係者は、この政策が「将来、結実するのか」と不安も語っていた。それは家庭の実態が日本とはまったく違うからだ。南アフリカでは、家庭に両親が揃っている子どもは全体の三割強しかいないという。二割は両親共にいない。残りの五割は一人親、つまりシングルマザーの家庭である。レイプで生まれたり、父親が家庭から逃げ出したりして、全体の七割の子どもには父親がいないことになる。

かれらの不安を聞くにつれて、明治政府が創設した義務教育制度が曲がりなりにも成功したのは、明治以前の日本にきちんとした家庭制度が出来上がっていたからだと改めて感じた。同時に、南アフリカで学んだエリートたちがこのハンディを乗り越えて、経済発展に貢献することを願ってやまなかった。

## 経済大国ナイジェリアの実力

読者の皆さんは「アフリカで最もGDPが高いのは、どの国か」と聞かれてすぐに答えられるだろうか。実はナイジェリアである。

二〇一七年の名目GDPは世界三一位の三七六二・八億ドル（GLOBAL NOTE、出典IMF）で、ランキングの前後を見ると、二九位ノルウェー、三〇位アラブ首長国連邦、三二位イスラエル、三三位南アフリカと続く。一人当たりの名目GDPは一九九四ドルとまだまだ低いが、人口は日本を大きく超える一億八八六八万人を抱え、経済面でけっして無視できない存在になっている。

余談になるが、ナイジェリアは年間二〇〇〇本以上ともいわれる作品を制作する映画大国でもある。映画ファンはナイジェリア映画のことを「ハリウッド」になぞらえて、「ノリウッド（Nollywood）」と呼んでいる。インド映画「ボリウッド」が日本でもすっかり定着、二〇一七年も古代インドの王国を舞台にしたアクション大作『バーフバリ王の凱旋』が話題になった。そのうちナイジェリア映画を日本でもごく普通に楽しむ時代が来るはずである。

ナイジェリア政府機関のトップを日本に招いてアフリカ経済について議論したことがある。そのときに驚いたのは、ナイジェリアの平均年齢が一八歳という点だ。日本人の平均年齢四六歳と比較すると、いかに若いかわかる。最新技術に対するアダプタビリティ（順応性）は間違いなく高いだろう。

これまでナイジェリアの経済成長を支えてきたのは、世界一三位の生産量を誇る原油である（BP統計）。ただし、最近ではサービス業や金融・不動産業も成長を遂げている。とくにIT産業の育成には国を挙げて取り組んでいる。

ナイロビの「アイハブ」をはじめ、アフリカでは各地にITベンチャーをサポートする施設ができているが、ナイジェリア最大の都市、ラゴスにはインキュベーター（起業支援事業者）付きのワークハウス「Ccハブ」がある。二〇一〇年の開設以来、六〇以上の新興企業がこのCcハブから誕生したという。アフリカ全土にオンラインサービスを提供するジュミア（アフリカ・インターネット・グループ）はアフリカ初のユニコーン（企業価値が一〇億ドル以上の未上場ベンチャー企業）として注目されているそうだ。[*3]

とはいえ、成長するIT産業の裏には闇の面もある。それがサイバー犯罪集団の存在である。新聞などのニュースを注意深く見ているとわかるが、日本でもナイジェリア人のハイテク犯罪を目にする機会がある。

世界では、ここ数年、ナイジェリアの犯罪集団が猛威をふるっている。二〇一六年には国際刑事警察機構（ＩＣＰＯ）が架空請求を目的とした偽のビジネスメールを世界中に送りつけた四〇歳のナイジェリア人を逮捕したことを発表した。このビジネスメール詐欺（ＢＥＣ）の被害総額は何と六〇〇〇万ドルだった。かれらのことを欧米では「ナイジェリア詐欺団」「ナイジェリアハッカー」などと呼んで警戒を強めている。

資本家が豊富な地下資源の恩恵を受けて豊かになる一方、高い教育を受けながら職に就けなかった人たちは、身につけたＩＴ技術を駆使してサイバー犯罪に手を染めている。リープフロッグ現象の裏には、残念ながらこうした負の側面があることも付け加えておかなくてはならないだろう。

### ルワンダで始まった救急ドローン

アフリカでリープフロッグ現象が起きているのは、各国の先端企業が新たなビジネスチャンスを求めて進出していることが大きい。

ユニークな事業として紹介したいのが、米国シリコンバレーのドローンベンチャー企業、ジップラインが始めた医療機関向けの空輸事業だ。「ジップ」と呼ばれる、両翼に一つずつのプロペラを装備したセスナ型のドローンを使用する。本体に輸血用の血液製剤などを積み込み、契約する医療機関の上空に到着したら、パラシュートで投下する。

二〇一六年一〇月、ジップラインはまずルワンダ政府とパートナーシップ契約を結び、事業をスタートさせた。すでに本格的にシステムを運用している。翌年八月、今度はタンザニア政府と協力してドローンによる空輸事業を始めると発表した。タンザニアでの事業はさらに大がかりとなり、血液製剤だけでなく、医薬品や手術用品なども配送する計画のようだ。

医療分野でのドローン利用は、日本では実用化の目処がやっとたった段階である。アフリカのほうが明らかに進んでいるわけである。

また、アフリカや中東二一ヵ国で携帯電話事業などを展開する国際的通信会社、MTNグループは、ナイジェリアのベンチャー企業、ルモスと協力して、ナイジェリアをはじめ電力網が整備されていない国々で、太陽光発電キットのリース事業を始めている。

リースする商品は屋根に設置する太陽光パネル（八〇ワット）とスーツケースほどの

大きさのバッテリーで、一緒に届けられるDIYキットを使って、利用者が太陽光パネルを屋根などに設置する。利用者は携帯ショップでリース料金七五ドルを払ってキットを入手し、電気代はプリペイド式携帯電話で支払う仕組みだ。リース終了後には所有することもできる。この発電キットを使えば、テレビや照明器具、扇風機、携帯電話の充電などを同時におこなうことができるという。[*4]

この章ではアフリカで始まったリープフロッグ現象をいくつか取り上げてきたが、これはあくまで一端に過ぎない。現地に足を運べばわかるように、日本では到底想像できないユニークな事業やサービスが続々と生まれているのである。

## アフリカで存在感のない日本企業

韓国や中国などアジアの国々が高度経済成長を遂げたのには、APEC（アジア太平洋経済協力）の加盟国が増えたことが大きい。経済発展のためには、かつての米国のフロンティアのように、外延的な広がりがひじょうに重要だ。日本ではこれから人口減によって、その逆の現象が起きようとしている。

その意味で外延的な広がりが最も残っているのはアフリカだ。地理的な面だけでなく、もっと豊かになっていくという経済面での外延的な広がりもある。アフリカは地球上に残された最後のフロンティアといっていい。日本がアフリカの外延的な広がりに参加できれば、大きなビジネスチャンスを得られる。

世界銀行は二〇一八年四月、半期に一度アフリカ経済の動向を分析する報告書「アフリカの鼓動」の中で、サブサハラ・アフリカ地域（サハラ砂漠よりも南の地域）の成長率を二〇一八年は三・一％、二〇一九～二〇二〇年は平均三・六％になると予測している。

私たちにとっては何でもない技術が、ほかの国や地域でひじょうに役立つことがよくある。これを「フルーガル（安上がりの）・イノベーション」と呼ぶ。前述した南アフリカのプリペイドカードなど、まさにそのケースである。

日本の企業は、このフルーガル・イノベーションに無関心だ。最先端の技術ばかりに目を向けがちだが、それ以外の既存の技術であっても、イノベーションを起こせる可能性がじゅうぶんにある。だから、大企業だけでなく中小企業にとっても、チャンスの芽は無数にある。

南アフリカに行ったとき、興味深い話を聞いた。「リバース（逆）・イノベーション」

とも呼べる、いわば逆輸入の話である。

私たちが人間ドックに入ると、体のあらゆる部分を検査する。しかし、新興国の人にとっては、そう簡単に高額の人間ドックが受けられるわけではない。それでも健康診断を受けて、たとえば血糖値だけは測りたいというニーズはある。そこで、あるメーカーが血糖値を測れるキットを売り出したところ、おおいに売れた。そのヒットに気をよくしたメーカーが先進国にも輸出してみたところ、これもまた売れたそうだ。

たしかに先進国で人間ドックを受けるといっても、せいぜい半年に一回とか、一年に一回だ。しかし、血糖値だけなら毎月測りたいという人もいる。こうしたニーズにリバース・イノベーションがマッチしたのである。

すでにゼネラル・エレクトリック（GE）はリバース・イノベーションを戦略的に導入し、低価格で小型の心電計をインド向け、超音波画像診断装置を中国向けに開発、これらの製品を米国に逆輸入することに成功している。

今、アフリカに積極的に進出しているのは中国企業だ。ケニアの街中を歩いたときは、中国の影響力を肌で感じた。街にある店の看板は漢字ばかりだった。

せっかく大きな市場が広がっているのに、日本人はアフリカや南米などへの進出に怖気付いているように見える。日本では経営者が「アフリカはまだわからないことが多いから、進出はもう少し待とう」などとすぐに言い出すのである。

ロンドンに本部がある有名なプライベート・エクイティ・ファンドは、新興国でナンバーワンの投資実績を上げている。ダボス会議でその会社のトップと知り合ったので、日本の大手銀行のトップを何人か紹介した。日本は資金が豊かなので、そのファンドに投資すれば、いいリターンをもたらすと考えたからである。

ところが、多くの銀行トップが「南米やアフリカは時期尚早で」といってほとんど動かなかった。興味を示したのは一行だけだった。これがフロンティアスピリットを失った日本の姿である。

## ブラジルは世界最大の日系人社会

私は日本が外交において力を入れるべき国が二つあると思う。一つが韓国、もう一つがブラジルである。地理的に見て、韓国は日本から最も近い外国、ブラジルは最も遠い外国になる。この二つの国との関係を深めることは、地球の軸を押さえることになる。

なかでもブラジルには一九〇万人（推定）という世界最大の日系人社会がある。私が総務大臣のとき、首都ブラジリアでルラ大統領（当時）に会った。そのとき、大統領は「日系人がブラジルの農業を変えてくれた。今ではブラジルの主食が豆から米に変わろうとしている。それまでブラジルになかったリンゴも持ち込んでくれた」と心から感謝された。今ではリンゴのことを「フジ」と、ブラジルでは呼ぶらしい。

二〇一八年は日本人ブラジル移住一一〇周年に当たる。実は一〇年前の一〇〇周年のとき、それを記念してブラジル日本研究者協会から招待された。その組織の存在を私が知って、二〇〇九年に日本支部を結成した。

支部長になった私は毎年ブラジルに足を運ぶ。行くたびに「今の日本が失った古きよき日本がブラジルにある」と感じる。名門サンパウロ大学には解剖学の権威、渡辺《わたなべ》一誠《いっせい》名誉教授がいて、彼はこんな話をしてくれた。「竹中さん、私は最初の授業で学生に話すことがあるんです。それは親孝行をしなさい、ということです。これは誰かが若者にいわなくてはいけないことなんです」

昔、私たちは近所の人や先生から「親孝行しないとだめだよ」とよくいわれたものだ。しかし、今の日本で若者に「親孝行しなさい」などと話す大人は皆無に等しい。ブラジルの日系人社会から私たちが教えられることが、たくさんある。

サンパウロ大学はいわば「ブラジルの東大」だ。ブラジルの人口は約二億人なので、日系人の比率は〇・九五％になる。ところが、サンパウロ大学の学生の一割以上が日系人なのである。いかに日系人が勤勉で頑張っているかがわかる。

ブラジルには自然の持つ巨大なエネルギーがある。ニューヨークからサンパウロに向かう航空路のおよそ半分は、熱帯雨林の上を飛んでいる印象だ。実際に昼間の便に乗り、一面に広がる熱帯雨林をこの目にしたときには感動した。鬱蒼《うっそう》とした森林の中を巨大なアマゾンが蛇行《だこう》しながら悠々と流れている。その光景には、神々しささえ感じた。世界の水資源の半分は、このブラジルの熱帯雨林地域にあるともいわれている。

一方、ブラジルには高いテクノロジーを持つ企業もある。民間旅客機の分野で、ボーイング（米国）、エアバス（欧州）の二強に続く、世界三位の航空機メーカー、エンブラエルはブラジル企業だ。国土の広いブラジルでは国内移動でも飛行機を頻繁に利用する。こうした短距離路線に使用されるリージョナルジェットの分野で、エンブラエルは世界一位のシェア（受注機数・納入機数）を持つ（日本航空機開発協会統計）。

また、最近、日本では石油やメタンハイドレート、レアメタルなどの海底資源を開発しようとする動きがあるが、ブラジルにはペトロブラスという深海の石油掘削をする技術を持った先端企業もある。

自然の豊富な資源がある一方、先進的な企業も有するブラジルには底力がある。将来、有望な国の一つだと思う。ところが、政財界に賄賂や汚職が横行し、政治が混乱しているため、なかなか長期にわたって経済成長することができない。二〇一七年の実質GDPは三年ぶりにプラス成長になったが、成長率はわずか一・〇%。かつて「BRICS（ブリックス）」の一角としてもてはやされたにもかかわらず、高成長が続く中国やインドとは経済状況が対照的である。

ただし、日本が手を差し伸べるとしたら、ブラジル経済が不調な今をおいて他にない。こうしたときこそ友好関係を深めることができる。

私たちがブラジルに行くとき、かれらが来日するとき、今でもビザ（査証）が必要になる。ところが、韓国はブラジルとの間でビザ免除を実現した。このため、ブラジルに行く韓国人がこのところ急増している。これに対し、日本は長い歴史を持つ日系人社会があるのに、日本へ入国の場合は二〇一五年から、ブラジルへの入国の場合は二〇一六年から、やっと期間三年の数次ビザを使えるようにしただけである。それまでは毎年ビザを取得する必要があった。ようやくその程度なのである。

# 第三章　第四次産業革命の大波に乗れ



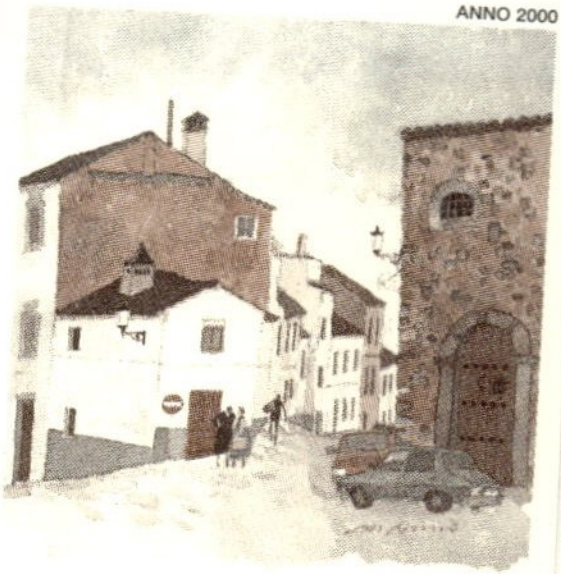

## 日本はシェアリング経済後進国

第四次産業革命で象徴的なのが、ライドシェアのウーバーやルームシェア（民泊）のエアビーアンドビー（Airbnb）に代表されるシェアリングエコノミーである。

モノやサービスを選ぶとき、多くの人がユーザーの口コミを参考にする。同じことを運転手、宿泊施設を対象にしたわけである。重要なのは、その背景に膨大な個人評価情報を蓄積したビッグデータがあり、ユーザーがそれにスマホなどで簡単にアクセスできるようになった状況がある。

米国でシェアリングエコノミーはすでに一大産業である。ウーバーの企業価値は約七兆円といわれており、非上場企業では世界最大クラスだ。この金額は日本最大の企業、トヨタ自動車のおよそ三分の一に当たる。日本のメガバンクの企業価値はおおよそ五兆～六兆円なので、あっという間にこれらを抜き去ったことになる。エアビーアンドビーも企業価値は三兆円を優に超えるだろう。

米国に行ったとき、ホテルのカウンターで翌日の空港までのリムジンを予約していたら、隣の女性に「なぜウーバーを使わないの」と聞かれた。「日本では認められていないないので、アプリが入っていない」と答えたら、「Ｏｈ！」と呆れた顔をされた。それくらい米国では一般的になっている。

世界でのシェアリングエコノミー市場は二〇一三年には一五〇億ドル（一・二八兆円）だったが、二〇二五年には三三五〇億ドル（三六・六兆円）まで拡大する見込み（PwC二〇一六年調査）である。

ところが、日本ではシェアリングエコノミーがなかなか拡大しない。それは既得権を手放さない抵抗勢力がいるからだ。

タクシー事業をするには国土交通大臣の許可が必要で、ドライバーも第二種運転免許を取得しなくてはならない。一般人が自家用車でお客を送迎する、いわゆる「白タク」は禁じられている。それを理由にタクシー業界が猛反発、結局ウーバーはタクシーの配車サービスに専念することを発表した。

民泊も大して状況は変わらない。これまで国家戦略特区だけに認められていた民泊を全国に解禁した民泊新法（住宅宿泊事業法）が施行された。しかし営業日数に一八〇日の上限を定めるといった条件を課している。しかも、あくまで上限を決めただけなので、地元の旅館業界が強い地域では、地方自治体の条例でこれを〝ゼロ日〟にする可能性がある。自治体によっては、特定地域の民泊を全面禁止するなど、厳しい条件を定めた独自の条例を制定しはじめている。

民泊によるトラブルが心配なら、借りる側も貸す側も責任を負う借地借家法がある。それと同じ責任を一日貸す場合にも適用すればいいだけの話である。

自分の家やマンションは私的な所有物だ。原則として、どう使ってもいいはずである。こうした条例は私有財産を保障する憲法に違反する疑いがある。裁判所がどう判断するかわからないが、誰かが憲法違反として訴えてもよいと思う。

二〇二〇年の東京五輪までに、日本でルームシェア、ライドシェアが進んでいないと、世界的に悪い意味で有名になる。何度も繰り返すが、インドでも中国でもシェアリングエコノミーが進んでいる。今や中国はライドシェアの世界最大の市場になっており、「滴滴出行」(ディディチューシン)はウーバーの中国事業を買収した。ここでも日本だけが取り残されている。

## 客船クルーズでわかった規制の網

どのような分野にも細かい規制の網がかけられている、それが今の日本だ。私が改めてそれを認識したのは客船クルーズについて調べたときだった。

今、日本に訪れるクルーズ船が急増している。二〇一七年の訪日クルーズ旅客数は前年比二七・二％増の二五三・三万人、クルーズ客船の寄港回数は前年比三七・一％増の二七六五回となり、いずれも過去最高を記録した（国土交通省調査）。

客船が港に泊まっている間、ホテルとして使えたら楽しいのではないかと、読者の皆さんは思わないだろうか。しかし、それは認められない。理由は旅館業法ではすべての部屋に窓がないといけないからだ。一般的な客船の場合、船室に窓のない部屋もある。このため、こうした客船はホテルとしては使えない。

東京五輪では外国人観光客らの宿泊施設不足に対応するため、大型クルーズ船をホテル代わりに使う「ホテルシップ」構想があるが、これも原則、旅館業法上の営業許可取得を義務付ける方向である。

クルーズに関する規制もある。日本は国内企業・労働者を保護するため、船舶などによる輸送業務を自国業者に限定する「カボタージュ規制」を遵守している。このため、外国客船は日本を起点とした国内だけを回るクルーズができない。ツアーの途中で、外国の港に寄港（ワンタッチ）しなければならないのだ。だから外国客船は韓国の釜山や台湾の基隆（台北）などに寄港する。そうやってカボタージュ規制を回避しているのだという。[*5]

一方、カボタージュ規制を外国客船に課しているため、日本客船も航海に際し、さまざまな制約を受けている。①六〇日に一回は海外に寄港しなければならない。②日本人の乗員を乗船させなければならない。③日本の厳しい安全基準が適用される。④消費税が課税される。⑤船内でカジノが認められない。⑥北方領土問題のために通過できない海域がある、といったことである。[*6]

豪華クルーズの醍醐味《だいごみ》の一つ、カジノ施設が日本客船にないのは、それが理由なのだ。客船クルーズにこのような規制が必要なのか疑問がある。

クルーズ客船が停泊する港にも規制がある。博多港は客船クルーズの一大拠点となっているが、港湾内にカフェがなかった。日本の港は貨物物流を前提に法律ができているからだ。

イタリアのナポリやベニスに行くと、港にはカフェがあり、陽気な音楽が流れていて、とても華やいだ印象があるのに対して、日本の港が殺風景なのは規制が理由の一つである。よくよく考えてみれば、日本のテレビドラマや映画に港が登場するのは、恋愛ドラマではなく、刑事ものの銃撃シーンだ。

シェアリングエコノミーだけでなく、客船クルーズ一つを取っても、これだけの法令や規則がある。私は四〇年間、経済学を学んでいるが、今でも何か一つのテーマを調べるたびに、「こんな規制があるのか」とため息が出る。

二〇一七年の訪日外国人は前年比一九・三％増の二八六九万人と、過去最高を記録した。インバウンド消費額も前年比一七・八％増の四兆四一六一億円と、初めて四兆円を超えた。観光産業は右肩上がりだ。しかし、観光立国を本気で目指すのであれば、今のうちに岩盤規制に穴を開けておかないと、訪日外国人数も消費額もすぐに頭打ちになるはずである。

## 新幹線も反対意見が圧倒的だった

日本で改革が進まない理由として、一部メディアの存在がある。改革に徹底抵抗する勢力（業界・族議員・官僚）に、政府批判の立場を採るメディアが結果的に加担している。加計学園の獣医学部新設問題が起きたとき、それを痛感した。

日本で獣医学部は五二年間もつくられていなかった。しかも法律ではなく、文部科学大臣の告示という一片の通達によって、新設の申請すら抑え込まれてきた。たとえば、私が大学に経済学部をつくりたいという申請をしたら、文部科学省は大学設置・学校法人審議会を開いて、つくるに値するかどうかを審査しなければならない。

ところが、文科省は獣医学部、医学部、歯学部という三学部については、そもそも設置の申請をしてはならないという「告示」を出した。要するに入り口を問答無用に閉ざしてしまったわけである。「告示」には憲法違反の可能性すらある。

獣医師の数を増やすと激しい競争が起こり、能力がない人は仕事を失うかもしれない。これを怖れた獣医師の既得権益を一部の野党とメディアが援護射撃しているのである。

抵抗勢力の中には「人口が減ればペットの数も減るから、そのうち獣医も余ってくる」などと大真面目に主張する人もいる。しかし、たとえば将来、人口減によって確実に余るからといって、人員不足が現在深刻化している保育士を、国や自治体が何も手当てしなくていいことにはならない。

今回焦点となった獣医学部についていえば、卒業生が全員獣医になるわけではない。最近の創薬プロセスでは実験動物を用いた臨床研究が重視されているため、製薬会社に就職して動物実験に従事する人も多い。さらには今、増えているＳＡＲＳ（重症急性呼吸器症候群）や鳥インフルエンザといった動物由来、人獣共通の疾患研究に当たる人もいる。

世界中でこうした分野での研究・開発競争が加速化しているにもかかわらず、十年一日のごとく、獣医学部から毎年一〇〇〇人弱ほどの卒業生しか出せないため、日本は取り残されようとしている。加計学園獣医学部新設の本質は、この状況を打ち破るため、固い岩盤規制に風穴を開けた点にある。

遠い将来の需要を予測するのは、きわめて難しい。成長率が一％低下したら、将来の数値は大きく変わってくる。数字はある意味、いかようにもできる。国土交通省の航空需要予測が当たっていれば、各地の空港は今頃、膨大な赤字に悩んでいないはずだ。

これは予測が外れて失敗したケースだが、見込みが外れて大成功した例もある。日本が世界に誇る新幹線は開業前、「これからの長距離移動は自動車や飛行機が主流。東海道新幹線は時代遅れの無用の長物になる」という反対意見が圧倒的だった。当時の国鉄総裁、十河信二《そごうしんじ》氏がそれを押し切って強引に開業を進めたのである。

日本は社会主義ではないのだから、需要があると思う実業家がリスクをとって事業を始めればいい。需要予測を外したら企業は潰れる。潰れると思って投資をする経営者はいない。

二〇一八年四月三日、加計学園が愛媛県今治《いまばり》市に開学した岡山理科大獣医学部の初めての入学宣誓式が開かれた。学園によると、獣医学科は一四〇人の定員に対して、志願した学生は二三〇三人。獣医学科の志願倍率は一六・四五倍に達したという。テレビのニュース番組でインタビューされた学生は「第一期生としてみんなでつくり上げていこうという感じです」と笑顔で答えていた。少なくとも学生からのニーズはおおいにあった。

## 心配なサンドボックス制度

私がかねてから提言してきた仕組みに「レギュラトリー・サンドボックス」制度がある。直訳すれば「規制の砂場」を意味する。子どもが公園の砂場で自由に遊ぶように、企業が規制やルールを気にせずに実験などができる制度のことだ。革新的な事業を育成するために、政府が現行法の規制を一時的に停止し、実験を助けるわけである。

英国の金融当局がフィンテック事業を発展させるために導入したのが始まりで、フィンテック分野ではシンガポールやタイ、インドネシア、マレーシアなどが同様の取り組みをしている。

日本企業も日立製作所と三菱ＵＦＪ銀行が、小切手の電子化を対象としたブロックチェーン（分散型台帳技術）活用の実証実験をシンガポールで始めている。これは何が起きるかわからないため、国内では実験ができないからである。私はシンガポールの金融当局のサンドボックス担当者に会って話を聞いた。局長クラスと課長クラスの二人ともジーンズにＴシャツというラフな格好だったのが、やけに印象的だった。

日本もようやく実現に向けて動きはじめ、二〇一八年度中にもサンドボックス制度を創設する予定だ。ただし、この制度がじゅうぶんに活用されるか心配な点もある。内閣総理大臣が議長を務める国家戦略特区諮問会議で扱われたため、加計学園問題で安倍首相がメディアから大バッシングを受けたことを口実に、サンドボックス制に首相を関与させないようにする勢力が霞が関の中にいるからである。

たとえば、銀行において新規事業のフィンテックは、既存の営業部門がリストラされるという自己否定の側面がある。このため、企業トップである頭取直轄《ちょっかつ》のプロジェクトにしないと、社内の利害対立から開発が進まない。政府がおこなう構造改革も同じだ。規制を所管する官庁は、省益を失うことを極端に怖れ、改革にはつねに後ろ向きだ。

郵政民営化のとき、総理直轄の民営化準備室をつくったように、根本的な構造改革は首相自ら決定しないとけっして成功しない。首相が強いリーダーシップを発揮して決定しないと、大胆な構造改革などできないのである。

サンドボックス制度には二種類がある。「地域限定型」は遠隔地操作による公道での自動走行実験や人口集中地区でのドローンの宅配実験など、国があらかじめ規制緩和メニューを用意し、それに自治体と事業者が応募するもの。一方、「プロジェクト型」は事業者が期間限定の実証実験を申請すると、有識者で構成された「革新的事業活動評価委員会」が審査、監督官庁がそれを確認した上で、実験が認められる仕組みである。

特区型の「地域限定型」は総理がプロジェクトを決定する仕組みだ。このため、国家戦略特区諮問会議での、「地域限定型」への官僚の反対は激しかった。最後まで「総理を前面に出したくない」という声があった。何とか民間議員を中心に押し返したが、もう一方の「プロジェクト型」のほうが果たしてうまく運営されるのか心配だ。私たちは制度が骨抜きにされないか監視しなくてはならない。本来なら、こうしたときこそメディアの出番である。しかし今はこうした機能がじゅうぶんに果たされていない。

## 可能性大のコンセッション

規制緩和を進めれば、日本にはまだまだ経済成長の余地がある。

空港や港湾、鉄道、有料道路など、国や自治体は莫大な資産を保有する。こうした資産の多くが必ずしも効率的に運用されてはいない。これらをうまく運営すれば、そこから利益が上がる。その手段の一つが「コンセッション」だ。国や自治体が持つインフラを、所有権を残したまま、運営する権利だけを民間に売却するのである。

コンセッションを導入し、キャッシュフローを生める公共施設やインフラの運営を民間企業に任せると、少なくとも三つのメリットが見込める。一つ目は官業の民間開放である。官業が抱え込んでいる仕事が開放されるので、民間企業の成長につながる。

二つ目は民間企業が関わると、公共機関が主導するよりも知恵が出ること。民営化されたオーストラリアの地方空港が、世界中のエアラインと再交渉し、発着回数を三倍に増やしたという例がある。これはまた、地域の活性化にもつながる。前記の地方空港では敷地の隣に大学を誘致した。シドニーやメルボルンの有力大学から先生が教えに来ることができるようになったため、大学の質が上がり、地方の活性化につながったという。

三つ目は、運営権の売却資金で財政改革が進むことだ。これを財政健全化に使うことも、新たなインフラ投資に回すこともできる。

実は日本でもコンセッションがスタートし、実績も徐々に出はじめている。

空港コンセッションの第一号は、関西国際空港と伊丹空港だ。オリックスとフランスの空港運営会社ヴァンシ・エアポートが引き受けた。関空にはかつて毎年一〇〇億円規模の赤字補塡を政府がおこなっていた。しかしコンセッションで民間が引き受けてからはＬＣＣの活用など思い切った改革をおこない、今では逆に税金を支払える存在になった。

コンセッション第二号は、東急電鉄や前田建設工業などが出資した仙台国際空港株式会社が運営する仙台空港である。民営化初年度となる二〇一六年度の全体の旅客数は微増だったものの、国際旅客数は当初見込んだ一五万人を大幅に上回る二二万五六〇〇人に達した。新規路線を開設する航空会社に対し割引料金を設定したり、着陸料を旅客数に連動させ、低搭乗率の場合、値下げしたりするなどの工夫をしたため、台北路線の新規就航、ソウル路線の増便が実現したのだそうだ。[*7]

一方、最初の道路コンセッションの案件も、同じく好調だ。前田建設工業などが中心となって、知多半島道路やセントレアライン（知多横断道路・中部国際空港連絡道路）など八路線を運営する愛知道路コンセッションは、初年度となる二〇一七年三月期から黒字を計上している。

これからもコンセッションは目白押しだ。静岡県浜松市が下水道施設の運営権を世界最大手の資源管理会社、ヴェオリアグループの日本法人、ヴェオリア・ジャパンなどに売却し、日本初の水道のコンセッションが始まる。北海道では国が管理する新千歳空港などの四空港、道管理の女満別《めまんべつ》空港、市管理の帯広空港、旭川空港の合計七空港を一括してコンセッションすることを目指している。これは世界が注目する規模のコンセッション事業になる。

公共施設やインフラの運営で慢性的な赤字を抱える地方自治体は多い。人口減が進めば、さらに増えることは確実である。規制緩和に批判的な人たちは多いが、私は実績を積み上げていけば、コンセッションの輪はもっと広がると見ている。

会社の経営でも、業績が悪化したら、経営者は会社が持つ資産をリストラし、有利子負債を圧縮する財務リストラをまずは考えるはずである。財務省は事あるごとに国と地方が抱える巨額の債務残高を強調する。もしも、本当に危機意識を持っているなら、コンセッションを進め、国や自治体が持つ資産の有効活用や売却をまず積極的に推進すべきだ。

森友学園問題で二〇一八年三月におこなわれた佐川宣寿《さがわのぶひさ》前国税庁長官の国会証人喚問において、佐川氏は「国有財産部局にとってはやはり国有財産の有効利用、その中でも、国有地を売却していくというのは大きな仕事」と述べたが、本当にそういう認識であれば、もっと国有財産を売るべきだろう。財務省理財局は日本最大の不動産業者である。かれらの最大の仕事は管財だ。民間に売却してしまったら、かれらは必要なくなってしまうから、どうしても国有財産を抱え込んでしまう。言っていることと実際にやっていることが違うと思うのは、私だけだろうか。

## 大学に自ら稼ぐ手立てを与えよ

第四次産業革命のベースになるのは大学だ。ところが、日本の大学の凋落が止まらない。英国の教育誌「タイムズ・ハイヤー・エデュケーション」が二〇一七年九月五日に発表した「二〇一八世界大学ランキング・トップ一〇〇〇」は衝撃的な内容だった。

日本でトップの東京大学は、順位を七つ下げて、四六位まで後退。過去最低を記録した。シンガポール国立大学（二二位）、北京大学（二七位）、清華大学（三〇位）などの後塵を拝し、アジアでも六番手に沈んだ。このままだと、ベスト五〇からの陥落も時間の問題かもしれない。このランキングの低下が日本経済の低落を象徴している。

米国シリコンバレーで、EV（電気自動車）や宇宙ロケットを手がけるテスラのようなイノベーションが次々と生まれるのはなぜか。日本でよくある「うちの県に投資したら補助金を出します」というような政策は、米国政府もカリフォルニア州政府も採っていない。その代わりにつくったのが、いい大学制度である。自由に研究ができて、大学の先生が取締役になれるようにした。ベンチャー企業を始めたい人材を集めるビジネススクールを開いた。スタンフォード大学ビジネススクールは、こうした学校である。

フェイスブックを創業したマーク・ザッカーバーグ氏をシニカルに描いた映画『ソーシャル・ネットワーク』（二〇一一年日本公開）の中に印象的なシーンがある。彼がハーバード大学に在籍していた当時、学長だったローレンス・サマーズ氏（元米国財務長官）は、「創造にこそ価値がある。人に雇われるより、仕事を創出しなさい」とザッカーバーグ氏の強引なスタートアップ（操業開始）に抗議してきた学生たちに説教するのだ。これが米国の大学の姿勢である。

最先端分野の研究開発をするには、とにかくお金がいる。名古屋大学が財政基盤を強化するため、「デベロップメント・オフィス（DO室）」を立ち上げたという。総長直轄のチームで、寄付金を積極的に集めるようである。日本の大学も遅ればせながら、運営資金集めに動き出した。

ただし、米国の有力大学とはスケールが違う。ハーバード大学やスタンフォード大学、コロンビア大学といった米国の名門大学の職員の中にはＵＳＣＰＡ（米国公認会計士）やＭＢＡなどの取得者も多く、資金調達・売却や資金運用、税務管理など、各分野のプロを揃えている。二〇一六年、米国の大学で最も寄付を集めたハーバード大学の総額は、何と一一億九〇〇〇万ドル（約一三〇〇億円、米国教育支援委員会調査）。こうして集めたお金を米国の大学では、財務担当のバイスプレジデント（副学長）がヘッジファンドなどのオルタナティブ投資まで活用して長期運用している。

私は東大が復活するには民営化するのが手っ取り早いと考えている。それが無理というのであれば、東大に限らず各大学は、コンセッションの手法を導入することを検討すべきである。

日本の有力大学は膨大な遊休資産を持っている。とくに東京大学や京都大学は不動産を含め、莫大な資産を保有する。しかし、こうした資産の使い道がこれまで限られていた。教育や研究目的以外に使用することができなかったのである。私は各大学が持つ資産をもっと自由に活用させるべきだと思う。たとえば、民間企業に土地を貸し、ショッピングセンターでも老人ホームでも運営させればいい。極端な話、貸しビル業をしてもいいかもしれない。そこで生まれた収益を教育や研究開発費に回せばいいのである。

日本の財政状況を考えると、国から大学に回る補助金がこれから増えるとは思えない。それならば、代わりに今ある資産を自由に活用する権利を大学に与えればいいのだ。スタンフォード大学は広大な敷地内に、一流ブランドや有名ストア、レストランなどが出店するショッピングセンターをつくり、そこから得た収益を大学の運営費に回している。日本の大学にも自ら稼ぐための手立てを認めるべきである。

## 小泉農政改革の方針は正しい

二〇一七年、メディアの話題をさらったのが、自民党農林部会長（当時）の小泉進次郎衆議院議員らが進めた農政改革である。「儲かる農業」を掲げ、日本の農業を自立させようとした小泉氏の方針はまことに正しいと私は思う。

世界の農業はＩＴ化が進んでいる。農業先進国のオランダの施設園芸では、施設内と地面の温度、湿度、$CO_2$の濃度などを、コンピュータを駆使して自動制御している。その結果、施設栽培の代表的な作物であるトマトの生産量で比較すると、平均的な日本の生産者が一平米あたり二〇キログラム前後なのに対して、オランダではそれが七〇キログラムにもなることがあるという[*8]。

発展途上国でもＩＴ利用が一般化しようとしている。第二章でリープフロッグ現象を紹介したが、ガーナを中心としたアフリカの国々では、「Esoko」というモバイルを使った農業支援情報配信サービスが広まっている。月額使用料を払えば、農作物に関する値段や天候、近隣バイヤーなどの情報をテキストメッセージで送ってくれる。

私は日本の農業には将来性が間違いなくあると思う。今でも日本の農作物は中国や香港、台湾などのアジアで人気がある。ただし、ＩＴ化を進め、製造業と同じく、農業を輸出産業にするためには、一も二もなく、企業が農業に参入できるようにすることだ。企業は人、金、技術というリソースを持っている。逆に言えば、お年寄りのご夫婦が限られたリソースで、あれだけおいしい農作物をつくるのだから、日本の農家の技術はたいしたものである。

　農業の未来は、企業が農業に参入できるかどうかにかかっている。そこで問題となるのが、難しい農地取得と農業協同組合（ＪＡ）の存在である。

　日本の場合、一般企業が農地を所有するには、農地所有適格法人を設立しなくてはならない。この法人では農業関係者以外の構成員が保有できる議決権は、二分の一未満に抑えられている。しかも、農地を売買するためには、事前に地域農家を中心に構成される農業委員会の承認を得なくてはならない。このため、企業の農地取得が実際問題としてなかなか進まない。

　兵庫県養父《やぶ》市では、国家戦略特区の仕組みの中でこうした規制を緩和した。広瀬栄市長が農業委員会を実質廃止し、転売等の承認は市がすると宣言したところ、オリックスグループ（オリックス農業）やヤンマーなど日本を代表する大手企業が続々と参入した。特区で岩盤規制に小さな風穴を開けたが、これを特区以外の地域にも適用しようとすれば、農業関係者や族議員からの猛反発をくらうことは間違いない。

　同じ目的を持った個人や事業者が集まり、相互で助け合うという農業組合の目的は悪いものではない。問題は、農協を各地域に一つしか開くことができない規制がある点だ。同じ地域で新しい農協を開くためには、今ある農協の許可が必要になる。

小泉氏が農政改革で、農家が農協から購入する資材や肥料の高い価格を槍玉《やりだま》に挙げたが、それは競争原理が働いていないことを指摘するためだった。一つの地区に複数の農協が営業できるように制度改革すれば独占状態は崩れる。そうすれば農協間の競争が始まり、資材や肥料の価格は自ずと下がる。

特区諮問会議などで、こうした規制緩和を議論すると、農業関係者などから「企業は儲からないと、すぐに農地を放置したり、転売したりする。企業に農地を開放すると、農地が荒れる」という類いの批判の声が上がる。しかし、考えてみてほしい。農業の担い手がおらず、現実問題としてすでに全国あちこちで休耕地（農作放棄地）が急増している。それが日本の農業の現状だ。農地はとっくに荒れているのである。

## 仮想通貨は将来性がある

第四次産業革命では、思いもつかないようなニュービジネスが生まれてくるだろう。

仮想通貨はその先駆けだ。二〇一八年一月、五八〇億円相当の仮想通貨「ＮＥＭ（ネム）」が交換事業者コインチェックから流出したことをきっかけに、今メディアで散々に叩かれている。読者の皆さんも、いかがわしいものとして見ているかもしれない。

私は、仮想通貨はウーバーやエアビーアンドビーと基本的に同じものだと考えている。これまで国がお墨付きを与えるインフラがないと、社会は機能しなかった。宿泊施設でいえば、旅館業法に基づく旅館やホテルを選ばないと安心はできなかった。一方、エアビーアンドビーは膨大な数のユーザーの口コミ、つまりビッグデータがお墨付きになっている。

同様に通貨決済の手段としては、これまで国家のお墨付きがあるお金、つまり法定通貨でないと安心して使えなかった。ところが、取引データをユーザー同士で監視するブロックチェーンという革新的技術が生まれたことで、新たな決済手段が生まれた。そこから生まれるのが仮想通貨だ。

そもそも通貨には三つの役割がある。一つ目は「価値を測る手段」である。私たちはモノやサービスの価値を測る場合、○○円、○○万円というように、お金の単位を使う。二つ目は「これが欲しいから一万円払うね」という具合に、モノやサービスとの交換に使う「決済の手段」だ。そして、三つ目が稼いだものを蓄える「富を貯蔵する手段」である。

本来なら通貨には以上の三つの役割があるのだが、仮想通貨で最もメジャーな「ビットコイン」の相場が一時急騰したため、誰もが富を蓄える手段として、仮想通貨を見るようになった。今では投機の対象以外で仮想通貨を買う人は、あまりいないだろう。ひじょうに不幸で歪んだ発展を遂げてしまった。

本来、仮想通貨が画期的なのは、「決済の手段」としての役割である。私たちが銀行を利用して、預金や引き落とし、送金などをした場合、これらの結果は銀行の台帳にすべて記録される。その帳簿管理のために、銀行は手数料を顧客から受け取っている。ブロックチェーンで安全にそれができるのであれば、送金する際、高い手数料を払ってまで銀行を利用する必要がなくなる。大手銀行が次々と大胆なリストラ策を発表しているのも、手数料ビジネスがそのうち成り立たなくなることを見越してのことである。

ところが、今のところ仮想通貨は決済手段として広がっていない。価格が毎日乱高下していたら、決済手段として使うのは難しい。また、騒動となったコインチェックの管理体制は、顧客からお金を預かる事業者として、あまりにもお粗末だった。たくさんの人が仮想通貨を決済手段として使うなら、併せてインフラも整備しないといけない。

金融庁はコインチェック問題を受けて、仮想通貨の規制強化に乗り出した。ビットコイン交換事業者マウントゴックスの経営破綻を含め、これだけ不祥事が起きれば、それは当然のことだ。

ただし、仮想通貨を全否定することには賛成できない。こうした新しい革新的な技術が社会に広がるときには必ずといっていいほど、さまざまな問題が起きる。多分、これからも起きるだろう。それでも私たちの生活に役立つものなら、問題点を修正して活用することが重要なのである。

## 期待したいビッグデータの司令塔

第四次産業革命の構成要素にはＡＩ、ロボット、ＩｏＴ、ビッグデータ、シェアリングエコノミーなどがあるが、この中で最も重要になるのがビッグデータである。ビッグデータがＡＩ、ロボット、ＩｏＴ、シェアリングエコノミーを動かすベースになるからだ。

ビッグデータの活用は、ＩＴ企業を中心に多くの企業や組織で始まっている。有名な成功例は、大手動画配信サービス、ネットフリックスが制作した大ヒットドラマ、「ハウス・オブ・カード　野望の階段」である。同社は膨大なユーザーがいつ、どのようなコンテンツを視聴し、番組のどこで停止や早送り、巻き戻しをしたか、などといったビッグデータを徹底分析し、ユーザーが一番喜びそうな監督や主演俳優をキャスティング、シナリオも飽きさせないようにつくり上げたのである。

羽田空港が入出国手続きのスピードアップを図るため、パナソニック製の顔認証ゲートを設置し話題になった。実はいくつかの分野で、日本は第四次産業革命をリードできそうな技術を持っている。これらの最新技術を生かすためにも、ビッグデータを開発・管理する司令塔を早急につくらなくてはならない。

二〇一六年一二月、「官民データ活用推進基本法」が成立し、それをリードする組織として、「官民データ活用推進戦略会議」の設置が盛り込まれた。ここを司令塔としてビッグデータ整備を急ぐ必要がある。すでに英国では二〇一二年から五年間という期間限定の形で、官民でオープンデータ（誰もが自由に利用できるように一般公開されたデータ）を集める協議会を設置した。

私はこの会議が成功するか否かは、人選がすべてだと考えていた。その点で、官民データ活用推進戦略会議の下に置かれ、基本計画を策定する「官民データ活用推進基本計画実行委員会」の委員長に、「日本のインターネットの父」と称される村井純氏（慶應義塾大学環境情報学部教授）を選んだのはベストだった。最低限のことはクリアしたといっていいだろう。

今後は日本人が最も不得意とするスピード感が問題になる。ＩＴやソーシャル・ネットワーキングの分野では、「ファースト・ムーバー・アドバンテージ（いち早く参入や実行した者が、あとから始めた者よりも優位に立てる）」が働く。速やかに枠組みをつくることが何より重要だ。

その点で、今、こうした会議がデータの棚卸しに取り組んでいるというのが気になる。企業の在庫整理を例に考えてみればわかるが、全社的に棚卸しをしようとしたら、時間がものすごくかかる。たとえば、「自動走行するために道路のビッグデータを集める」という具合に、目的を決めてデータを整備していくほうが、スピードアップを図れるはずである。

もう一つの問題は、政府の中にビッグデータの活用を推進する本格的な体制がないことだ。総務省が「ｅガバメント（電子政府）」をつくろうとしているが、もし本気で始めようとするのであれば、グーグルやソフトバンクといったＩＴ企業の第一線で活躍する社員をスカウトして、局長クラスにずらっと並べないとできるわけがない。だから、私はこれまで「民間人を入れろ、入れろ」と盛んに主張してきた。

それが功を奏したかどうかはわからないが、最近、ｅガバメントなどに民間人をやっと入れるようになった。ところが、採用した民間人のほとんどが、課長以下のいわゆる下働きである。管理職は二年前後のローテーションで交替する中央官庁の上級官僚が務める。こうした組織で、うまくいくはずがない。

グーグルやアマゾンなどの先端企業から一流の人材を引っ張ってくるには、数千万円から億円単位の年俸を支払わなくてはならない。しかし、中央官庁の中途採用で、この金額を用意するのはほぼ不可能だ。年功序列型の公務員制度でＩＴ戦略を進める限界が露呈している。私は不安を持ちつつも、国がスタートさせたビッグデータ整備の経過を見ていくつもりである。

## 「生活革命」で第四次産業革命を

第四次産業革命で世界をリードするには、新技術の活用に向けて民間企業を誘導することも一つだが、政府が自らそれを実践するのが最も効果的だ。実はこの分野で、政府ができることはたくさんある。

私がまず提言したいのは、英国が導入した「Tell Us Once（一度だけ私に言ってください）」というシステムである。

たとえば、今の日本の引っ越しの手続きは、実に面倒だ。居住する役所に転出届をもらいに行き、引っ越し後、転入先の役所に提出する。さらに警察に行き、運転免許証の住所を書き換え、さらには金融機関の窓口に行き、総合口座の住所変更をする。それも手続きは基本的に役所や金融機関が開いている平日の昼間である。こうした手続きを済ませるには数日かかるだろう。会社員なら会社を休むことを覚悟しなくてはならない。

「Tell Us Once」は役所で一度手続きしたら、その役所が関係各所に内容を伝える。タテ割り行政ではなく、横にどんどん連絡が行くシステムである。これを日本でも実現しなければならない。マイナンバーカードを活用すれば実現はじゅうぶん可能である。

また、これによってマイナンバーカードが運転免許証や年金手帳にもなる時代が到来する。まさに「社会革命」が起こるのである。

もう一つ提言したいのは、政府や役所の対面原則を廃止することだ。申請のたびにいちいち役所まで行くのはあまりに面倒だ。ようやく確定申告の電子申告が定着してきたが、以前は税務署まで持っていって提出するのが基本だった。

最近でも公的年金では日本年金機構が定期的に調査を実施しており、事業主を年金事務所に呼び出している。まったく意味がわからない。なぜ忙しい国民が付き合わないといけないのか。ＡＩでも通信技術でも積極的に導入すれば、手続きの対面原則は多くのところで撤廃できるはずだ。

さらに、インターネット選挙はすぐにでも実現できる。現に五年に一度の国勢調査はネットでの回答が認められている。

選挙の投票率を見ると、投票率が低いのは二〇代を中心とした若年層である。ネット選挙をすれば、かれらの投票率は確実に上がる。有権者の割合が高い高齢者の意見ほど政策に反映されやすいシルバー民主主義が先進国で問題になっている。ネット投票は、この解決策の一つになる。

高齢層にもメリットがないわけではない。まず悪天候時や離島など遠隔地での投票が楽になる。これは選挙コスト削減にもつながる。加えて、高齢者は選挙率が高い一方、ＩＴリテラシーが低い。ネット投票を実施すれば、この解消のきっかけになるはずだ。

ほかにも政府ができることはいろいろある。たとえば、戸籍・住民票や不動産登記はすべてブロックチェーンにすればいい。もちろん、法務省の内部でつくるのではなく、きちんと民間に外注して立派なシステムを構築する。登録免許税（登記料）の引き下げ、あるいは不動産情報の一元化や不動産市場の効率化にも結びつくはずである。

第四次産業革命というと、生産性や産業競争力を高めることばかり強調されるが、けっしてそうではない。すべてのモノがインターネットでつながり、ロボットやＡＩ技術が生活の隅々まで浸透する。それによって私たちの生活が画期的に便利かつ快適になる。このような「生活革命」こそ第四次産業革命の重要な意義なのである。

# 第四章　財務省と厚生労働省は考えを改めよ

## 消費増税はセカンドベスト

デフレ克服はまだ道半ばである。直近の食料・エネルギー物価を除くコアコア指数の上昇率は〇・五％（二〇一八年三月）で、日銀が目標とする二％にはほど遠い。そうした中でベストの選択は消費税率を引き上げないことだと思う。

二〇一四年一一月の衆議院解散時、安倍首相は二〇一五年に予定されていた消費税引き上げを見送った。このときにもいったが、私は消費増税をしなければアベノミクスは成功すると考えている。

二〇一四年四月に実施した消費税五％から八％の引き上げは順調に回復しようとしていた日本経済を腰折れさせた。家計の消費支出を示す統計の一つに総務省が発表する「消費水準指数（家計調査）」がある。消費税が引き上げられた翌月となる二〇一四年五月の指数は、前年同月比マイナス七・八％だった。過去三三年間におけるワースト二位である。東日本大震災が起きた二〇一一年三月（マイナス八・一％）に次ぐ落ち込みだった。

日本の消費税が景気に打撃を与えるのは、高額商品に対する軽減税率がないことが大きい。今、日本で住宅を購入した場合、八％の消費税がかかる。一方、イタリアは付加価値税が二二％であるのに対し、軽減税率の対象となる住宅は四％と大幅に下がる。スウェーデンに至っては付加価値税二五％であるのに対し、住宅は〇％だ。

家族で高級マンションを東京圏で今、買おうとすると、価格は一億円近い。五〇〇〇万円が住宅部分だと仮定した場合、それに消費税八％がかかると、税額は四〇〇万円だ。これが二〇一九年一〇月に予定されているように一〇％に引き上げられれば、五〇〇万円になる。高級車のベンツが買える金額である。その分のお金を調達するのは、かなり大変だ。結果的に消費増税が近づけば、駆け込み需要が増え、導入以降の消費は急速に落ち込むことになる。それが景気を大きく冷やすのである。

ただし、日本の経済界のリーダーや一部メディアには「日本の財政状況はきわめて深刻であるから、増税に踏み切ることが立派な政治判断である」という思い込みがある。ずいぶんとバイアス（偏り）がかかった見方であるが、こうした声がある以上、「この政権はいつまでたっても消費税率の引き上げはできない」あるいは「財政再建を目指す意志がない」などと批判される政治的なリスクがあることも考えなくてはならない。

二〇一七年九月二五日におこなわれた衆議院解散表明の記者会見で、安倍首相は消費税の引き上げと同時に、それによって生まれる増収分をすべて財政再建などに充てるのではなく、半分程度の一・七兆円（試算）を教育・子育てに充てることを公約した。低所得世帯の〇〜二歳の保育無償化、三〜五歳の幼児教育・保育の無償化などを考えているようだ。

何度も繰り返すが、ベストの選択は消費増税の凍結である。ただし、安倍首相が「消費税率は引き上げるが、増収分の使途変更によって、財政面からのデフレ効果を減じる」と打ち出したことは、セカンドベストの選択として理解できる。

## シムズ理論は奇抜ではない

私は消費増税など重要なマクロ経済政策については、経済政策の司令塔である経済財政諮問会議でもっと活発に議論すべきだと思う。政策会議にはいろいろあるが、法律で位置付けた上で、総理が議長を務めるのは経済財政諮問会議と国家戦略特区諮問会議の二つだ。

私が経済財政諮問会議で、ぜひ議論してほしいのは日本の債務問題である。

二〇一七年五月、私はニューヨークのジャパン・ソサエティーでプリンストン大学のクリストファー・シムズ教授と対談した。司会は日本の経済事情に詳しい「ウォール・ストリート・ジャーナル」編集者のジョン・バッシー氏である。

シムズ氏は二〇一一年にノーベル経済学賞を受賞した理論派である。シムズ氏の唱えた理論は「財政政策を積極的に拡大せよ」という点だけにフォーカスされ、日本では非現実的、荒唐無稽だと受け止められている。たとえば国会で質問された麻生太郎財務大臣は「私が閣内にいる間、ヘリマネ（ヘリコプター・マネー）、シムズ理論は採用しない」と答えている。

しかし、対談でシムズ教授が政策論として述べたことはひじょうに明快だった。シムズ氏の主張は以下の二点に集約される。

一つ目はインフレ目標が達成されるまでは、消費税引き上げや財政緊縮などのデフレ政策を採ってはならない、ということだ。その意味で、これまで安倍首相が「デフレが克服されていないこと」を理由に、消費増税を見送ってきたのは正しいことになる。

二つ目は日本の財政赤字は一般に考えられているほど大きくない、という点である。これは従来から指摘されていることだが、巷間いわれている国の債務残高約一二二〇兆円という数字は、あくまで政府のバランスシート（貸借対照表）の右側（負債側）の数字に過ぎない。一方でバランスシートの左側（資産側）には約六七〇兆円の資産がある。差し引きした純負債は約五五〇兆円にとどまっている。

加えて、日銀が大量の国債を保有していることも考慮する必要がある。日銀も公的部門なので、企業でいうところの「連結バランスシート」で見れば、本当の意味での政府の債務はさらに減る。この考え方には異論もあることは重々承知しているが、少なくとも単純に債務残高のグロス（負債のみ）の数字だけを取り上げて問題視するのは間違っている。

シムズ氏はこれらの前提のもと、本当にデフレを克服したいのなら、当面は増税をせず、財政を拡大する余地があると述べたのである。

同じくノーベル経済学賞を受賞したコロンビア大学のジョセフ・スティグリッツ教授も、二〇一七年三月一四日の経済財政諮問会議に招かれて、同様の趣旨の発言をしている。すなわち、日本の政府債務には多くの人が疑念を抱いており、たしかに金利が大幅に上昇すれば問題に直面するかもしれないが、政府債務を低下させるために消費税を引き上げるのは逆効果であるとの趣旨である。

ところが、その後の諮問会議で、スティグリッツ教授の指摘を受けた討論はまったくおこなわれなかった。マスメディアもシムズ理論について大きな注目を払っていなかったし、スティグリッツ氏の提言もほとんど紹介されないままに終わってしまった。それらにまるで奇抜な理論のようなレッテルを貼って議論しようとしない姿勢は、明らかに適切さを欠いている。

## まずプライマリー・バランス回復

私も日本の財政赤字を心配しないわけではない。日本が財政再建を実現しなければならないという方向性は今後も変わりないと考えている。

日本の財政は国債頼みである。二〇一八年度の一般会計総額は過去最大の九七兆七一二八億円。このうち税収などで賄われている歳入分は六四兆二〇六億円で、残りの三三兆六九二二億円は国債で賄われている。つまり日本の国家予算を見た場合、歳入の三分の一が国債を中心とした借金に依存している。

前記の通り、債務残高をグロスで見るか、ネットで見るかという問題とは別に、バブル崩壊後の一九九〇年代半ばから、一時的な振れがあるにせよ、ＧＤＰに対する債務の比率が基本的に上昇し続けていることは紛れもない事実である。

経済学者のクルーグマン氏が一九八〇年代半ば、経常収支赤字が膨らむ一方の米国経済を指して「サステナブル（持続可能）でない」といったが、今の日本の財政状況もけっして「サステナブル」とはいえない。何度も繰り返す通り、すぐに問題が起きるとは考えていないが、いずれかの段階で日本国債に対する信頼に疑問符がつく可能性がある。

差し当たって心配となるのが、日本国債の格付けだろう。かつて「AAA（トリプルエー）」など最高ランクを誇った日本国債の格付けが、米国の格付会社のレーティングでは、今や中国や韓国よりも下位になっている。たしかにサブプライム住宅ローン危機前のいい加減な格付けを考えると、かれらのレーティングにはおおいに疑問がある。しかし、それが国際基準になっていることも無視はできない。

また財政赤字が拡大すると、金利払いが増え、歳出に占める金利負担のウエイトが増える。その結果、本当に必要なところにお金が回らなくなるかもしれない。たとえば、災害復興のため財政支出を出動するのは政府の役割だが、金利負担でそれができないとしたら、国民が迷惑を被ることになる。

安倍政権は基礎的財政収支（プライマリー・バランス）を二〇二〇年度までに黒字化す

るという財政再建目標を見直すことを決めた。プライマリー・バランスという考え方は私が経済財政政策担当大臣のとき（二〇〇一年）、経済財政諮問会議で提起したもので、正味の税収（歳入）と、国債の利払いを除く正味の政策経費（歳出）のバランスのことである。名目成長率と名目金利がほぼ同じであることを前提にすれば、歳入が歳出を上回り、プライマリー・バランスが黒字化すると、GDPに対する債務残高は減っていくことになる。

私はプライマリー・バランスの回復は必須だと思う。実は日本のプライマリー・バランスは小泉純一郎政権の末期にあたる二〇〇六年にかけて、ほぼ回復していた。当時は消費増税などもちろんしていない。「歳出キャップ」をはめて歳出増を防いだ上で、不良債権処理など経済の活性化によって税収の自然増を図ったのだ。

消費税引き上げは、こうした努力をした上で、最後の手段としてとらえるべきである。デフレから完全に抜け出ていないのに、消費増税をすると景気が冷え込み、かえって税収を減らすことになる。財政とは手段であって目的ではない。目的は経済をよくすることだ。今はデフレ脱却にフォーカスすべきなのである。

## 歳入庁の創設を急げ

消費税を上げる前に、国がやるべきことはたくさんある。まずは歳入増を図るため、税金と社会保険料を漏れなく徴収することが重要だ。そのために必要なのが歳入庁の創設である。

国民は税と社会保険料を国に納めているが、行政側は財務省管轄の国税庁と厚生労働省所管の日本年金機構という機関が別々に徴収している。このタテ割りのやり方は役所本位で、きわめて非効率だ。米国は内国歳入庁（ＩＲＳ）、英国は歳入関税庁を設置している。日本の年金機構は国税庁と一体化して効率的に歳入を確保すればいい。

歳入庁が設立された場合、どこの省庁のもとに置くのか、役所の権限争いが必ず起こる。国家権力とは直接的には税と警察だ。税の徴収は巨大な権力となる。歳入庁ができた場合、財務省と厚生労働省から切り離されて、内閣府のもとに置くことが予想されるため、とくに財務省は猛烈に反対するはずである。

しかし、その財務省による「森友文書」改ざん問題が社会を揺るがした。国の公文書を官僚が勝手に書き換えてしまうなど、けっしてあってはならない不祥事である。厚生労働省も「働き方改革」では国会にずさんなデータを提出して、野党やメディアから大変な批判を浴びた。両省への国民の信頼は失墜したといっていいだろう。

私は、ここで国民から税や保険料を一体徴収する新たな組織を立ち上げ、再出発を図るのがいいと思う。日本年金機構の管理体制は誰もが認める通り、ひどいものである。入力漏れ・入力ミスが頻繁に起こる。取りこぼしがあると思われる社会保険料を確実に徴収できれば、政府全体の歳入は数兆円の単位で増えるだろう。

## 高額所得者ばかり増税に

同時に、本格的な税制改革にも踏み込むべきである。日本では「普通に稼いでいる人」が所得税をじゅうぶんには支払っていない。

所得税率が一〇％以下（ゼロ、五％、一〇％）の人の全納税者に占める割合は、英国三％、米国二七％、フランス三九％であるのに対し、日本は八三％（二〇一五年一〇月「財務省説明資料」、数字は二〇一五年一月時点）だ。日本の累進課税は中間所得層まできわめてフラットになっているため、この層があまり税金を負担していない。

一方、一部高額所得者に対してはひじょうに高い税率が課せられている。ＯＥＣＤ

（経済開発協力機構）の個人所得課税調査によると、日本の最高税率はスウェーデン、ポルトガルに続く第三位（二〇一六年九月「財務省説明資料」、同二〇一五年一月時点）である。重税のイメージがあるデンマークやフランス、ベルギーといった国々よりも最高税率は高い。日本は税制による再分配効果が小さいことが知られているが、これは米国のように高額所得者の税率が低いからではない。中間所得層の税率に問題があるからである。

本来であれば、年収四〇〇万〜八〇〇〇万円程度の中間所得層に対する税率を引き上げるべきである。「普通の人」にもっと税負担をしてもらわないと、日本の税制度は成り立たない。

しかし、二〇一八年度の税制改革でも、結局のところ抜本的な改革には手をつけなかった。増税となったのは年収八五〇〇万円超の高額所得者である。このままでは「こんな税金の高い国に住めませんよ」とばかりに、シンガポールやマレーシアに逃げる高額所得者が増えていくだろう。いや、こうした動きはすでに始まっている。

忘れもしない東日本大震災のとき、一〇〇〇年に一度といわれる大規模災害にもかかわらず、当時の民主党政権は景気を冷やす大型増税（復興特別税）を国民に課した。一〇〇年に一度の大震災ならば復興国債を発行するなどして、一〇〇年間で復興費用の負担をするのが正しい。なぜ今の世代だけで負担しなくてはならないのか。とにかくこの国の税制度には、非常識な部分が多く含まれている。

### 待ったなしの年金制度改革

小泉純一郎元首相が「デフレの時代に何を言うかと思われるかもしれないが」と前置きした上で、「不景気を我慢し、徹底的な歳出削減をする時期がないと本当はダメなんだ」と雑誌の対談で述べている。[*9]

私なりに解釈すると、これは「財政が今、拡大していることを忘れてはいけない」という警鐘だと思う。二〇一八年度の予算は補正まで含めると約一〇〇兆円である。小泉内閣のときはそれが約八二兆円だった。予算額は二〇%も拡大しているのだ。

デフレ脱却にトライしている今、デフレ圧力となる財政緊縮には慎重になるべきだ。ましてや消費増税はやるべきではない。ただし、それでもムダと思える予算はカットするに越したことはない。いずれプライマリー・バランスの回復のため、本格的に歳出削減（少なくとも歳出拡大ストップ）に踏み切るときが来る。

私が抜本的な見直しが必要だと思う代表は公的年金制度である。

年金とは生きるリスクに対して掛ける保険だ。「九〇歳まで生きるつもりでお金を貯めていたが、一〇〇歳まで長生きしたので、その分、貯金が足りなくなった」という生きるリスクを保障するためのものである。

今の日本では六五歳になると、高齢者に一律で年金が支給される制度になっている。どう考えてもお金に困っていない財界のトップにもお金が出る。

私はマイナンバーで所得と資産を管理して、金銭的に余裕があって年金なしでも暮らしていける高齢者には年金を辞退してもらうようにすべきだと思う。そうすれば生活が本当に苦しい人にはもう少し手厚く給付することができる。

いわゆる「国民皆年金」体制がスタートしたのは一九六一年である。その当時の日本人の平均寿命は六六歳くらいだった。しかし、二〇一六年の日本人の平均寿命は女性八七・一四歳、男性八〇・九八歳だ。この年齢まで年金を受給するとなると、平均して女性は約二二年間、男性は約一六年間年金を受け取ることになる。これほど長期に年金をもらえる国はない。

しかも前年に比べて女性は〇・一五歳、男性は〇・二三歳、寿命が延びている。第四次産業革命において医療技術も間違いなく進歩する。平均寿命はこれからも少しずつではあるが延びていくだろう。支給開始年齢は引き上げていかなくてはならない。このまま六五歳以上の全員に年金を給付し続けていたら、消費税を三〇％にしても予算が足りない。

ＧＤＰに対する年金支払額の割合は、実は福祉が充実しているといわれる英国を上回っている。医療も同様に、ＯＥＣＤの平均よりもはるかに支給が上回っている。シルバー民主主義の時代、政治家にとって公的年金制度の改革はタブーに近い。政治家の心情としては理解できる。しかし、今のうちに手をつけないと日本の年金制度は近いうちに立ち行かなくなる。

## 直球勝負した黒田日銀総裁

日銀の黒田体制は二期目に入った。黒田東彦《くろだはるひこ》氏が日銀総裁に就任した二〇一三年三月から、株価は上昇基調で、企業収益も好調である。何より中央銀行や市場が重視する失業率は、二・五％（二〇一八年三月）ときわめて低い水準にある。私は黒田氏の実績を前向きに評価している。

日銀総裁には、金融への見識、経済理論の知識、市場や政府とのコミュニケーション能力、国際的な人脈など、さまざまな能力が必要だ。加えて日本では国会での答弁能力が求められる。これらを黒田総裁は兼ね備えている。

黒田氏の手腕について、一部のエコノミストやメディアが批判したのは、デフレ脱却の見通しと手法についてである。現在の物価動向は、生鮮食品を除いたコア指数がプラス〇・九％、食料・エネルギーを除いたコアコア指数はプラス〇・五％（どちらも二〇一八年三月）である。とても日銀が掲げる物価目標二％には及ばない。

ただし、この点について、私は黒田総裁に同情している。

ＦＲＢのジャネット・イエレン議長（当時）が「世界経済が回復しているにもかかわらず、物価上昇が鈍化しているのは謎というほかない」と記者会見で述べた通り、ほかの先進国を見ても物価上昇率二％を達成するのはなかなか難しい。

とくに日本では経済の成熟に伴って投資機会が減っているため、貯蓄と投資を均衡させる実質利子率（名目利子率から期待インフレ率を引いた値）、いわゆる自然利子率がマイナスに陥っていると考えられる。投資を活発化させるためには、「金利をできるだけ下げる」「投資機会を増やす」という両輪が必要になる。

金利の低下については、二〇一六年一月に日銀がマイナス金利を導入した。一方、投資機会の拡大には構造改革が不可欠であるが、政府がやるべき規制緩和のスピードはこの間、残念ながら遅かった。投資機会が増えない非は、日銀ではなくむしろ政府と政治のほうにある。

マイナス金利で金融機関の業績が悪化しているというが、これも投資機会がなく、銀行に貸付機会がないことが大きい。金融機関が批判すべき相手は日銀ではなく、構造改革に反対する抵抗勢力である。

黒田日銀の異次元緩和は一時かなり成功した。物価目標の二％を一〜三％の間に達する状態を目指す、という意味にとらえれば、二〇一四年四月に一％台に達したので、まずまず成功といってよい。

ところが、同じ月に消費税を五％から八％まで引き上げたため、個人消費が一気に冷え込み、結果的に物価上昇率はゼロをやや上回る程度まで下がってしまった。私はこの点でも黒田総裁に同情的である。

私が黒田総裁に賛成できない点があるとすれば、年間六兆円という巨額のペースで実行してきた日銀のＥＴＦ（指数連動型上場投資信託）の買い入れだ。日銀の市場への資金供給策には直球と変化球の方法があるが、これは完全な変化球である。金融当局としての直球は、国債買い入れによるマネー供給だ。

日銀のETF購入は、株価の形成や個別企業の経営・統治に歪みをもたらしかねない。すでに日銀はいくつかの上場企業の大株主になっている。ニッセイ基礎研究所の試算によると、アドバンテストやファーストリテイリング、太陽誘電など上位二二社は、すでに日銀の株式保有比率が一〇%を超えているという。[*10]

ただし、黒田氏が総裁に就任する前から、日銀はずいぶんとおかしなことをしている。日銀は、いわば銀行の銀行である。ところが、成長基盤の強化を名目にして、銀行を通さず企業へ直接融資する制度を始めた。前記のETFやJ‐REIT（不動産投資信託）などの買い入れも二〇一〇年から開始している。

小泉政権時代、閣僚だった私がどれだけいっても直球を投げようとせず、なぜか変化球ばかりを投げようとするのが、これまでの日銀の姿勢だった。日銀は変化球ではなく直球勝負をするのが筋だ。黒田日銀になって、ようやく直球（国債買い入れによるマネー供給増）が出るようになった。

## 「出口戦略」は時期尚早

現在のマイナス金利および量的緩和（中央銀行の当座預金残高量の拡大）を解除する「出口戦略」を検討するのは時期尚早だ。今の日本の経済状態は、前に述べたようにデフレ脱却の入り口にやっと立ったという段階である。出口戦略はこれまでの方針通り、物価目標を安定的に達成した段階で検討するべきものだ。

二％という物価目標の数字も変えないほうがいい。ほかの国が二％の目標を掲げている以上、日本だけが目標を下げると、それがデフレ圧力となり、円高を招く可能性もある。

出口戦略を日銀が採ったとき、「ハイパーインフレや通貨暴落が起こる」などと主張する金融関係者もいるようだが、私は杞憂だと思う。

出口戦略では物価上昇に合わせ、日銀は金融機関が預ける当座預金の金利を上げることになる。このため、金融機関への支払い利息が、保有する低水準の国債利回り収入を上回る逆ザヤ状態になり、巨額の赤字が発生する。それが続くと「日銀のバランスシートを毀損する」とかれらはいう。しかし、それは一時的な現象に過ぎない。万一、日銀の財務内容がひどく悪化したとしても、日銀が金利の高い国債に切り替えていけば、最終的には解消される問題だ。

そもそも日銀は、財務内容がいいから市場に信用されているわけではない。日銀法に守られて、日本で唯一、通貨を発行できる銀行だから信用されているのである。

いささか古い話になるが、二〇〇三年に当時FRB理事だったベン・バーナンキ氏(のちのFRB議長)が、日銀のバランスシート問題について講演で述べている。ちなみに翻訳は私の古くからの友人で、元大蔵官僚・経済学者の髙橋洋一氏である。

「日本銀行は民間商業銀行ではありません。民間企業の破産という意味での破産は日本銀行の場合にはありえませんし、商業銀行が資本を維持する――たとえば、過大なリスクを引き受けるというインセンティブを減らすために――というふつうの理由は日銀については直接には当てはまりません。(中略)要するに中央銀行のバランスシートというものは金融政策の決定にとってはせいぜい限界的な意義しか持ちえないことを経済的に証明できます」(『リフレと金融政策』日本経済新聞社)

日銀政策委員会審議委員のエコノミスト原田泰《はらだゆたか》氏が講演で話しているように、「これまで中央銀行が赤字または債務超過になったのは、一九八〇年以降確認できるもので二

○くらいの国で例がある」。

先進国の最近のケースとしては、二〇一五年のスイス国立銀行がある。スイスフラン高対策として実施してきた為替介入を停止したところ、スイスフランが高騰した。保有する巨額の外貨（ユーロ）建て資産の評価損を出し、債務超過状態に陥ったのである。保有していたのが外貨建て資産という点は日銀の状況とは違うが、スイスでは高インフレなど経済的混乱は起きなかったという見方が一般的である。

出口戦略の過程で日本に経済的破局が起きるとは、とても想像できない。

# 第五章　今すぐ人材評価を変えよ

## 夢が小さい日本の経営者

一九九五年と二〇一八年の世界の株式時価総額ランキング（図1）を見比べると感慨深いものがある。一九九五年は日本経済がすでにデフレに突入していたが、第二位にNTT、第八位にトヨタ自動車と、それでもトップ一〇内に二社、日本企業がランクインしている。

一方、二〇一八年のランキングではトップ一〇内に日本企業はゼロ。ランキング上位を占めるのは、アップルやアルファベット（グーグル）、マイクロソフトなどの米国グローバルIT企業である。第六、七位には中国のIT企業、テンセントとアリババがランク入りし、一〇位に中国工商銀行がつけている。

なぜ日本企業の地位がここまで低下してしまったのか。その大きな理由は経営者にある。実際、青息吐息だったシャープは再建を担った台湾・鴻海《ホンハイ》精密工業出身の戴正呉《たいせいご》氏が社長に就いた途端、業績がV字回復している。

ダボス会議には「IBC（インターナショナル・ビジネス・カウンシル）」というものがあり、そこに数百人のメンバーがいる。この人たちに共通しているのは、プロの経営者

## 【図1】世界の株式時価総額ランキング

| 1995年 | | |
|---|---|---|
| 順位 | 銘柄名 | 時価総額（億米ドル） |
| 1 | エスコム | 1357 |
| 2 | NTT | 1284 |
| 3 | ゼネラル・エレクトリック | 1203 |
| 4 | AT&T | 1031 |
| 5 | エクソンモービル | 1000 |
| 6 | コカ・コーラ | 939 |
| 7 | メルク | 808 |
| 8 | トヨタ自動車 | 794 |
| 9 | ロシュ・ホールディング | 778 |
| 10 | アルトリア・グループ | 754 |

| 2018年（3月末） | | |
|---|---|---|
| 順位 | 銘柄名 | 時価総額（億米ドル） |
| 1 | アップル | 8513 |
| 2 | アルファベット | 7192 |
| 3 | マイクロソフト | 7027 |
| 4 | アマゾン・ドット・コム | 7006 |
| 5 | バークシャー・ハサウェイ | 4921 |
| 6 | テンセント・ホールディングス | 4919 |
| 7 | アリババ・グループ・ホールディング | 4671 |
| 8 | フェイスブック | 4641 |
| 9 | JPモルガン・チェース | 3774 |
| 10 | 中国工商銀行 | 3450 |

出所：Bloomberg、180 LLC

であるということだ。去年はAという会社のCEOだったのが、今年はBという会社のCEOをやっているというようなエリートたちが集まっている。かれらは皆、顔見知りで、ファーストネームで呼び合っている。皆プロのCEOなのである。

プロ経営者の代表的な例がルイス・ガースナー氏だ。アメリカン・エキスプレスやRJRナビスコなど米国を代表する企業を渡り歩き、コンピュータの巨人IBMの経営再建などに尽力した。日本ではルノーから派遣され日産自動車を立て直したカルロス・ゴーン氏がおなじみだろう。日本人でこうしたプロ経営者として思い浮かぶのは、寡聞《かぶん》にしてローソン社長からサントリー社長になった新浪剛史《にいなみたけし》氏くらいである。

余談になるが、先日あるファンドマネージャーと話をしていたら、面白いことをいっていた。日本のマザーズ（東京証券取引所が開設した新興企業向けの株式市場）は、世界の株式市場の中でも上場しやすいため、ここにきて上場を果たす経営者が増えている。これ自体はよいことだ。しかし、こうした経営者の一部には、明らかに共通の傾向が見られるそうだ。

株式上場すると、だいたい数十億円のお金が手元に入ってくる。するとかれらは第一に東京・銀座の高級クラブ通いを始める。第二に高級車のポルシェを買う。第三に起業を支えた糟糠の妻と離婚する。そして最後の最後に、派手で金遣いの荒い女性と再婚して人生に失敗する。

もちろんジョークだが、そのファンドマネージャーがいいたかったのは、日本の経営者は「夢が小さい」ということである。最初の小さな成功で満足している人が多いのだ。ソフトバンクの孫正義会長のように、世界に飛び出すところまで自社を成長させようという気概がある人がほとんどいないことを彼は残念がっていた。

会社が成長するか否かは、社長の腕一つにかかっている。このため、米国企業は社長選びに手間とお金を惜しまない。上場しているような大企業では、社外取締役が指名委員会をつくり、社長を選ぶのが一般的だ。しかも、ときには外部企業にリサーチさせて、企業価値を高めてくれる経営者を本気で探す。こうして経営手腕のある人材を外から引っ張ってくる。候補者のリサーチに五億円程度かけるのはザラである。

対照的に、日本企業の場合、社長は社内から上がっていくのが慣《なら》わしだ。外からスカウトするケースは、まだまだ少ない。

## 東芝延命は東証とメディアの罪

日本の大企業で社長になるのは多くの場合、それぞれの会社の生え抜きで、社員の兄貴分みたいな人である。そして、企業にとって最も重要な意思決定機関である取締役会が、経営者の弟分で占められる。かれらに必要とされるのは「場の空気を読む」能力である。

本来、株主の利益を最大化するためのストラテジーチームが取締役会だ。会社の大きな方向性は間違っていないかとか、長期的な戦略は持っているかとか、取締役会は最低限、モニタリングをきっちりやる必要がある。

ところが、これまで多くの取締役会は、ひじょうに形式的なものになっていた。「その事業でどれくらいのコストが発生するのか」「長期的にペイできるのか」といった目先のことばかり議論している。モニタリングには、こうしたチェックもたしかに大切ではあるが、本当に重要なのは経営者に長期的なビジョンがあるかどうかの確認である。

私の知り合いが、ある会社の社外取締役を務めている。最近の業績は好調なのだが、それはすべて前経営者の蒔いたタネだった。彼はその点を取締役会で問い詰めたそうだ。「当面は過去の遺産で食えるだろうが、これから一〇年後に会社に貢献する投資として、どういうものを考えているか」と。こうした確認こそが重要なのである。

冗談でよくいうのだが、多くの取締役会は「戸締まり役」に過ぎない。ドアのカギが閉まっているかどうかをチェックするだけなのだ。取締役会もまたアマチュアの集まりなのである。

トップマネージメント（首脳部）が兄貴分と弟分で固められた日本企業の場合、前社長（現在は会長や名誉会長であることが多い）が間違った経営判断をしていても、現社長はそれを追認せざるをえない。前社長の判断を見直すことは、兄貴分だった人の間違いを認めることになるからだ。

大企業ともなると何万人という社員がいる。失敗する人もいるし、おかしな人もいる。企業不祥事はいつ起きても不思議ではない。ドイツではフォルクスワーゲン（VW）が排ガス不正問題を起こした。ただし、日本の場合、前任者は間違ったことをしないという「無謬《むびゅう》性の罠」のせいで、首脳部が一体となって不祥事を隠そうとするのが特徴だ。誰も不正を指摘しないのである。

典型的なケースが、みずほ銀行が提携先の信販会社を通じて暴力団構成員に融資した問題だ。みずほ銀行は当初、問題となった暴力団融資を把握していたのは「法令遵守担当の副頭取までだった」と説明していた。しかし、後から頭取が出席したみずほフィナンシャルグループ（持ち株会社）の取締役会でも、問題融資の資料が配布されていることが発覚し、大きな問題になった。

近年でとくに悪質だったのは東芝だ。第三者委員会の調査によってパソコン事業、テレビ事業、半導体事業など各部門で次々と不正が露見した。二〇一四年度までの七年間で合計二二四八億円の利益の水増しがおこなわれていた。最終的には、当初好調だと説明していた米国での原発事業でも巨額の損失が発覚し、その破綻処理のため、一兆三六〇〇億円もの損失を計上する破目になった。

こうした隠蔽は歴代三社長の指示のもとでおこなわれていた。かれらは「チャレンジ」と称して、部下に無理な収益改善を要求していた。

さらにいえば、この東芝問題では一部マスメディアの報道も本当におかしかった。本来、会計には「適正」か「粉飾」の二種類しかないはずだ。ところが、ほとんどの新聞は「不適切な会計」と報道していた。

呆れたのは、東芝の特設注意市場銘柄（上場廃止の可能性がある銘柄）の解除と上場の維持を決めた日本取引所自主規制法人（東京証券取引所上場銘柄の審査をする）の判断である。当局はその理由を述べているが、要は規制機関が一貫した判断基準を持つのは難しく、資本市場の秩序維持と投資家の保護という観点なども考慮して決めたという〝言い訳〟である。

しかし、ルールはルールとして、きちんと適用しないと市場は歪む。巨額の粉飾決算・不正会計をした以上、東芝は上場廃止にされるべきだった。何より、こうした特別扱いは、海外の市場関係者や投資家から絶対に理解されない。アジア市場での株式上場を考える海外企業は東証を嫌って、シンガポールや香港などを目指すことになるだろう。

## 政府の介入は企業をダメにする

かつてのＪＡＬ（日本航空）の救済にも私は異議がある。二〇一〇年、当時の民主党政権は、経営破綻に陥ったＪＡＬをとにかく生き返らせようとした。これは大間違いである。

大抵の国でナショナルフラッグキャリアは一社だけだ。さらにいえば激しい国際競争の中でエアラインの合併も進み、アジア地域を見た場合、メガキャリアは日本・韓国など北東アジアで一社、中国と香港で一社、シンガポール・タイなど東南アジアで一社という具合に、最終的には三社しか残らないと思う。

このように考えると、ＪＡＬとＡＮＡ（全日本空輸）を抱える日本は多すぎる。ＪＡＬとＡＮＡは一緒になればよかったのである。従業員も路線もすべてＡＮＡが引き継げば、混乱はなかったはずだ。そして、他国のメガキャリアと競争させるべきだった。

スウェーデンというと、日本では「福祉国家」のイメージが強い。それはある意味正しいが、経済面では大変な競争社会でもある。私は政治家を辞めてから、スウェーデンに何度か行っている。多くの人が米国経済とスウェーデン経済はまったく別物と考えがちだが、実は似ているところがたくさんある。

ＪＡＬが経営危機に陥っている頃、ちょうどスウェーデンではサーブとボルボという二大自動車メーカーが経営危機に陥った。両社は救済を求めるも、スウェーデン政府はきっぱりと拒否した。サーブは破産、ボルボは中国の浙江吉利《ジーリー》控股集団に買収された。ＪＡＬを助けた日本政府とは好対照である。

それは米国と同じ考え方だ。これほど弱い会社を市場に置いておくと、国の経済がダメになるので、破綻した企業は淘汰されればいいと判断したのである。私はスウェーデンの考え方が正しいと思う。利益の上がらない企業は経営改善をする、できなければ市場から退場してもらう。これが正しい自由主義経済のあり方である。

安易な政府の介入はモラルハザード（倫理の崩壊）につながり、結果的に経済を弱くする。日本はこうしたケースであふれている。政府系金融機関の日本政策投資銀行が出資した日の丸半導体メーカー、エルピーダメモリは倒産し、結局のところ米国半導体大手、マイクロンに買収された。同じく「日の丸ディスプレー」と謳われたジャパンディスプレイ（ＪＤＩ）も、官民ファンドの産業革新機構が巨額の資金を投入しているが、業績が上向く兆しは一向に見えない。

## 賃金が上がらない本当の理由

企業収益が上がっているのに収入が増えた実感がないという人が多い。厚生労働省が発表した二〇一七年の名目賃金は前年比〇・四％増と四年連続上昇したものの、実質賃金（物価変動の影響を除いたもの）は前年比〇・二％減だった。統計を見ると、たしかに好調な企業収益に比べて、賃金の伸び悩みが目立つ。

その要因はいくつか考えられる。マクロ的に分析するなら完全失業率の問題がある。これは労働力人口のうち完全失業者（仕事がなく求職活動をしている人）が占める割合を指す用語で、この数字が下がり切ると、労働需給面から賃金は上昇しはじめる。

基本的にこれ以上、下げることができない失業率（構造失業率）を、これまで日本では三・四％前後と推定してきた。しかし、経済学者の高橋洋一氏らは、これを二・五％以下と推測している。求人サイトの普及などで、ジョブマッチングが昔に比べてひじょうにうまくできるようになった。その結果、この数値が、以前より下がっていても不思議ではない。二〇一八年三月の完全失業率は二・五％。推定される構造失業率と同水準にまで下がってきた。マクロ要因から見ると、そろそろ賃金が上昇する環境が整っている。

それと同時に、私は企業の生産性の問題が大きいと見ている。

生産性の高い職場は、労働者に高い賃金を支払える。一方、生産性が低い職場の賃金は低くなる。このため、生産性の低い企業に、多くの労働者がへばりついている状態だと、平均賃金は上がらない。反対に多くの労働者が生産性の高い企業で働くようになれば、平均賃金は自然に上がる。

ところが、ここまで説明してきた通り、日本ではガバナンスが欠如したゾンビ会社を国が助けている。加えて、企業が新しい事業を始めようとしても、さまざまな規制がそれを邪魔する。企業の生産性が上がるわけがない。

さらに日本の場合、労働市場が硬直的である。雇用を流動化させる政策に乏しく、中高年齢層への再教育も手付かずだったため、労働者が生産性の低い企業から高いところへ移動するインセンティブ（動機付け）がなかなか働かなかった。

そこで私が提案するのは、「金銭解雇」のルールづくりである。金銭解雇と聞くと、一部メディアが「カネでクビを切るなんてとんでもない」などと強硬に批判することもあって、建設的な議論がまったく進んでいない。

もちろん弱い立場の雇用者は守られるべきだ。だからこそ労働者には団結権やストライキ権などの労働三権が認められている。しかし解雇条件が示された一九七九年の判例は、あまりにも雇われるほうが強い。極端な話、会社が潰れるまで社員を辞めさせることはできない。労働争議で解雇を撤回させた途端、会社が潰れたなどというケースもあるという。

その結果、訴訟リスクを怖れる大企業は、正規雇用することに二の足を踏む。逆に訴訟を起こされて賠償を命じられても払えないと開き直っている一部の中小企業は、平気で解雇したりもする。いずれの場合も労働者のためになっていない。

いまやＯＥＣＤで金銭解雇のルールがないのは、日本と韓国だけだといわれている。派遣社員の雇い止めの問題が取りざたされているが、ルールをつくれば、企業も労働者を雇用しやすくなるはずである。

## 優秀人材をシェアする副業・兼業

日本経済団体連合会（経団連）の榊原定征《さかきばらさだゆき》会長（東レ相談役）の発言をめぐって、ネットは一時大荒れだったそうだ。榊原会長は記者会見で、政府が働き方改革の一つとして副業や兼業の普及促進を図ろうとすることに、「経団連として会員企業に推奨することはしない」と発言し、その理由として、本業の軽視や情報漏洩《じょうほうろうえい》のリスクなどを挙げた。

ネットの掲示板には「じゃあ給料上げろよ」といった批判が殺到した。批判の中には「東レ子会社の検査偽装が『5ちゃんねる』（旧2ちゃんねる）の書き込み（情報漏洩）で発覚したことを知っているのか」といった、やや的はずれの嫌味もあったようだ。

私は副業・兼業に全面的に賛成だ。では、企業や労働者にとって副業・兼業とは、ど

## 【図2】兼業・副業に対する企業の意識調査

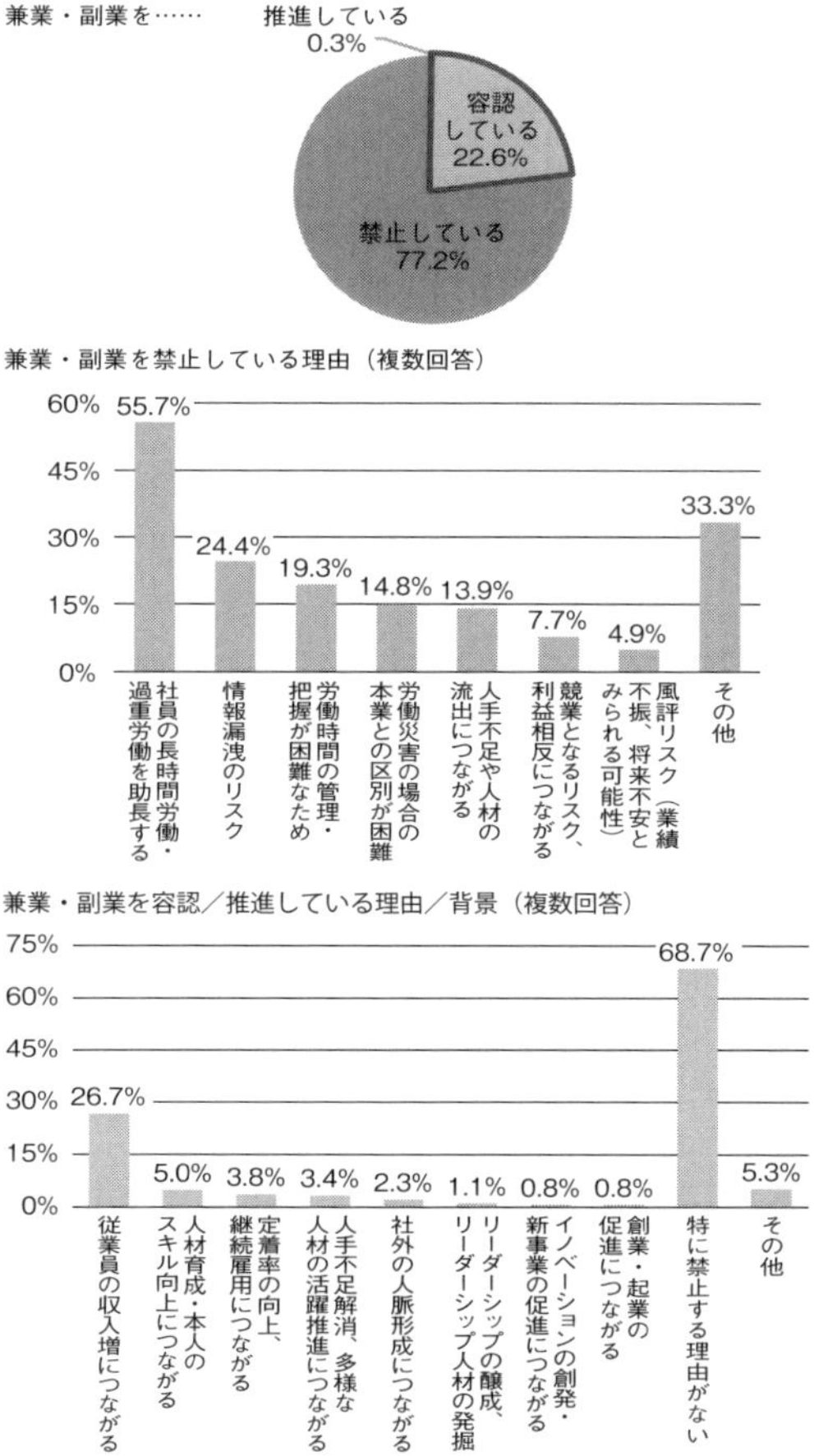


注：1147社からの回答による。調査期間は2017年1月6日〜27日。
出所：株式会社リクルートキャリア

のような意味を持つのか。

それは「人材のシェアリング」である。ある特定の技術を持つ技術者が、その能力をそれぞれの企業で利用すると、得意な分野でそれぞれ一〇〇％の仕事をすることが可能だ。一方、企業のほうも、複数の優秀なタレントを利用して（組み合わせて）事業をすることができ、企業の競争力がアップする。これから世界中で伸びていくシェアリングエコノミーが、カーシェアリングといったモノだけでなく、人や能力まで広がるわけである。

転職サイトのエン・ジャパンが正社員五五八四人を対象に聞いた「副業」実態調査（二〇一七年五月三一日）によると、回答者の八八％が副業に興味があると答えたという。

一方、転職支援サービスのリクルートキャリアが二〇一七年一月に一一四七社を対象に実施した「兼業・副業に対する企業の意識調査」によると、「兼業・副業を容認・推進している企業」は全体の二二・九％に過ぎなかった。「社員の長時間労働・過重労働を助長する」「情報漏洩のリスク」などを理由に禁止している企業が多かった（図2）。

多くの日本企業が副業を認めてこなかったのは、実は就業規則の存在が大きい。戦後間もない時代につくられた労働基準法（一九四七年施行）は、常時一〇人以上の労働者を使う企業に対し、就業規則を定めて所轄の労働基準監督署長に届けるように定めた。しかし、どのような文面で作成したらよいか経営者がわからないだろうと、おせっかいにも労働省が就業規則のモデルを作成したのである。

このモデル就業規則の中に「原則として副業を禁じる」という規則が、二〇一八年一月まで設けられていた。この副業を禁じる規則を盛り込んだ就業規則が全国に広まった。結果的に、それを見たたくさんの人が「副業はいけないものだ」と信じ込んでしまった。

しかし、もはや戦後の日本企業が築いてきた「終身雇用・年功序列」に象徴される日本的経営は崩れ去ろうとしている。昔の会社なら、社員のロイヤリティー（忠誠心）を高めようと、住宅から老後の再就職先、休日を楽しむ保養所まで面倒を見てくれた。しかし、今の企業にそれだけのことをする体力はない。

現在、日本には「守秘義務を守る」「利益相反になってはいけない」などといった副業・兼業に関するじゅうぶんなルールがない。そのルールや監視がなくて企業が導入に躊躇しているのであれば、それをつくればいいだけの話である。

## 二刀流こそ一流の証

私は、これからのビジネスパースンは「ダブルメジャー」でないと活躍できないと考えている。たとえば、法律だけわかっていてもダメで、法律とテクノロジーの二つがわからないと通用しない、といった意味である。ロサンゼルス・エンゼルスの大谷翔平選手ではないが、〝二刀流〟こそが一流の証《あかし》なのである。

資生堂名誉会長の福原義春氏は「ハイフニスト」という言葉をよく使う。ハイフニストというのは、福原氏がどういう人かを表すとき、「経営者─写真家」という具合に、肩書をハイフンでつなげた人のことを指す。

つまり、従来の本業と思われているものとは別に、趣味の世界でもいいし、仕事の分野でもいいので、プロフェッショナルなものを持っている人のことである。実際に福原氏は写真展を開くほどの撮影の腕前を持ち、書籍の装丁も手がける。

福原氏のいいたいのは「二つのことを人生でやっていくほうが成功する」ということだと思う。私なりに解釈すると、一つは片方がスランプのとき、もう片方が自分を支えてくれるということ。もう一つは、どのような道であっても、極めれば極めるほど同じ場所に行き着くということ。一体化するのである。

副業・兼業をすることはハイフニストになる絶好のチャンスである。そして、今求められている人材、ダブルメジャーになることにつながる。

考えてみれば、功成り名遂げた人の多くは、ハイフニストなのかもしれない。私が思い浮かべるのは、かつての日銀の名エコノミスト、吉野俊彦である。「所得倍増計画」を唱え池田勇人《いけだはやと》内閣を支えた戦後最も有名なエコノミスト、下村治《しもむらおさむ》のライバルで、日本の経済成長を巡って熱い議論をつねに交わしていた。その吉野は明治の文豪、森鷗外の研究家としても一流だった。自宅に書斎を二つ構え、夕食後に第一書斎で経済の研究を終えたら、もう一つの書斎に移動して鷗外研究に没頭したという。

個人の内面から副業・兼業をとらえれば、仕事のダイバーシティともいえる。いまや誰もがダイバーシティの重要性を強調するのに、副業・兼業を否定するのはおかしくないだろうか。

## リカレント教育で年収アップを

ダボス会議でフランスのマクロン大統領が「教育と職業訓練に国の予算を集中投入す

る」と宣言した。これは慧眼である。産業が高度化する中、経済成長を成し遂げるには、人的資本（知識やスキルを身につけた人材）がポイントとなる。このため、先進各国が競うようにリカレント教育に注力している。

リカレントとは「反復」という意味だ。生涯学習、学び直しといってもいいだろう。技術者として大学生を育てるだけではなく、すでに技術者になった人にもう一度学び直してもらい、最先端の技術を身につけてもらう。たとえば、工学部を卒業し、工学エンジニアリングの素養を持っている人を夜間大学院に通わせ、サイバーセキュリティの最先端技術を学んでもらうといったイメージである。

残念ながら、日本のリカレント教育は世界で見ると最低レベルといっていい。四年制大学への二五歳以上の入学者割合を見ると、日本は他国と比較して圧倒的に低い。OECD平均が一六・六％なのに対し、日本はわずか二・五％である。スイス、イスラエル、アイスランドの上位三ヵ国は三〇％近い[*11]（図3）。

また企業側も社員の再教育に不熱心だ。人材サービスのランスタッドが三三ヵ国を対象にして実施した調査によると、八割を超える日本人労働者が「時代に遅れをとらないためにスキルアップが必要」と答えている。これはグローバル平均に比べて比率が若干

【図3】四年制大学への25歳以上の入学者割合

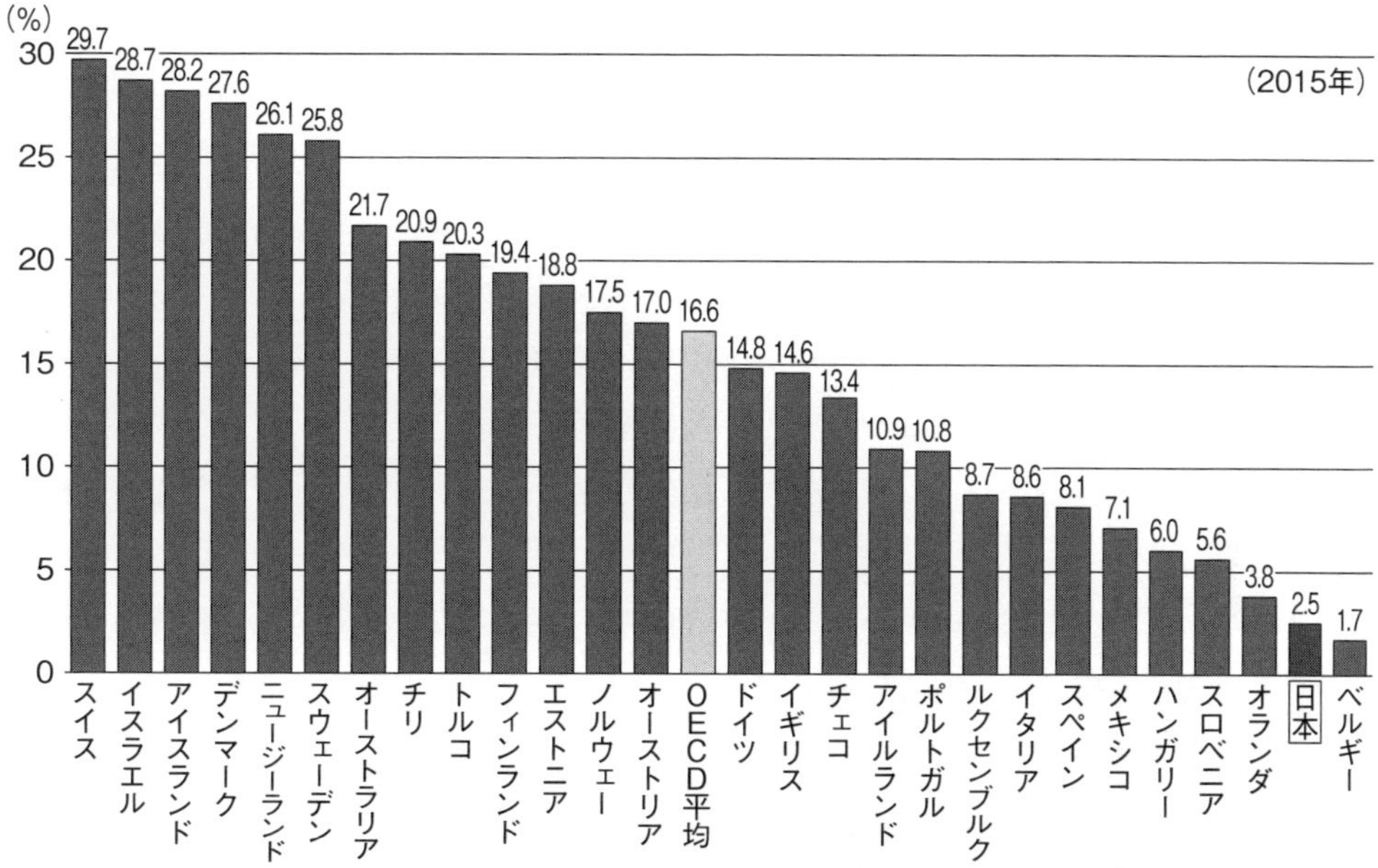


出所：OECD「Education at a Glance（2017）」（諸外国）及び文部科学省「平成27年度学校基本調査」（日本）

高い。ところが、スキルアップに向けた研修の受講などについて実態を聞いたところ、グローバル平均では六六%が勤務先から何らかのスキルアップ支援を受けているのに対し、日本では四一・二%にとどまっている。

社員は社会に出たら学ばない、経営者は従業員が学ぶ環境をつくらない。世界最低レベルの能力開発を続けている限り、G7中最下位の労働生産性など上がるはずもない。

私はリカレント教育促進のため、国がバウチャー（受講券）を発行するのがいいと思う。経産省によれば、二〇二〇年に不足するIT人材は三七万人といわれる。仮に三七万人が二年間受講し、その半額をバウチャーで賄うとすると、年間で二五〇〇億円くらいの政府支出が必要になる。この支出を「建設国債で出すべきだ」と私は政府に提案している。

リカレント教育で技術を身につければ所得が上がる。仮に年収が五〇万円上がるとして、それに税率を掛けると、所得税の増額分によって、だいたい九年間で回収できる。年収が一〇〇万円増えると、四・五年で回収できる計算になる。これは公共事業よりも、よほど早く回収できる。これが実現したら、賃金が上がらないといわれている最中、三七万人の給料が上がる。何より日本の第四次産業革命を発展させる推進力になり、その結果、他の労働者の給料も上がるだろう。

二〇一七年の衆議院選挙時に安倍首相が発言した「消費税の使途変更」によって、幼児教育の無償化だけに焦点が当たっているが、このリカレント教育にお金を出すことこそ、私は重要だと考えている。安倍政権は「人づくり革命」を重要な政策課題に挙げるが、これこそが人づくりのための投資になる。まさに未来への投資である。

## サイバーセキュリティ人材増やせ

クルマでもシステムキッチンでも、いまや身の回りの多くのものがネットにつながっている。流行りのスマートスピーカー（対話型のＡＩアシスタントを搭載）について聞かれた米国のあるサイバーセキュリティ専門家は、「私なら絶対に使わない。四六時中ハッカーらに監視されるようなものだから」とばっさり切り捨てたという。[*12]

第四次産業革命で「ＩｏＴ（モノのインターネット）」がさらに普及すると、必要とされるのがサイバーセキュリティに適応できる人材だ。日本では今でも専門家が圧倒的に不足している。リカレント教育でまず力を入れるべきなのは、こうしたサイバーセキュリティ人材の育成である。

私は大企業のCEOによく「御社のサイバーセキュリティはどうなっていますか」と聞く。すると、かれらは必ず「いや、うちはきちんと対応していることになっています」と他人事のように答える。サイバーセキュリティ対策をたんに技術の問題と考え、このように人任せになっているケースがひじょうに多い。

しかしこれは、技術の問題だけでなく、組織のガバナンスの問題でもある。どんなに堅牢なシステムをつくったとしても、何かしらの問題が必ず起こりうる。大きな問題が起こったときにどう行動するのかというガバナンスの意識、つまりCEOのコミットメントがないと、本当のセキュリティシステムはできない。

日本の経営者の多くは、セキュリティに対する問題意識が稀薄だ。それを含めて、サイバーセキュリティに対する準備が不十分である。

企業だけでなく、それを指導すべき立場の中央官庁のセキュリティに対する意識が低い。二〇一八年四月には中央省庁の職員延べ約二〇〇〇人分の公用メールアドレスや外部のサイトにログインするためのパスワードが流出し、秘匿性が高い闇サイト（ダークウェブ）で売買されていることが発覚した。

高度な技術を持った情報セキュリティ専門家を育成するためには、日本の場合、併せて大学改革も欠かせない。たとえば、最新のデジタル技術を研究したい人が大学に就職しようとしても、終身雇用・年功序列のある環境では、対象のポストに空きがないと、専門知識や能力がいくらあっても教授などの教職ポストに就けない。

実は中国にユニークなビジネススクールがある。学長以下全員が五年の契約社員なのである。これは最新の技術や知見を取り入れるための仕組みの一つだ。もちろん、こうした方法を採ることによって、組織のDNAを保てるかなどの新たな課題も出てくるが、サイバーセキュリティの問題が目前に迫ってきているにもかかわらず、日本では手はずが一向に整わない。人材的にも、私たちの心構えも、準備が足りない。

短期的には二〇二〇年東京五輪のサイバー対策がテーマになる。平昌冬季五輪でもサイバー攻撃によってシステム障害が発生し、観客が開会式の入場チケットを印刷できなくなるトラブルなどが起きた。東京も世界中のハッカーたちから狙われる可能性が十二分にある。

## 日本人に必要なアート感度

偏差値によって測る受験に教育制度が全部縛られているため、今の日本人は教養の程度が低いと思う。少なくとも学校で学ぶ教養のレベルは低い。江戸時代には庶民も俳句や和算を普通に楽しんでいた。元来の日本人は教養や芸術に対して、ひじょうに関心が高かった。

私が日本人、とりわけ若い世代にもっと親しんでもらいたいのがアートである。デジタルな技術革新が目覚ましい今日の経済において、クリエイティブな人材が果たす役割はきわめて大きい。こうしたクリエイティブな活動をするに当たって欠かせないのがアートの存在である。

イタリアの高級車メーカー、フェラーリの一台当たりの利益（営業利益を販売台数で割った数字）は一二〇〇万円だそうである。[*13] これに対し、日本車の場合、一台当たりの利益は一番高いＳＵＢＡＲＵ（スバル）でさえ三六万円だという。[*14]

日本車とフェラーリとではビジネスモデルがまったく違うため、単純比較するのはおかしいかもしれないが、背景に両国のアート力の差があるように思う。グッチ、ブルガリ、プラダ、アルマーニ、ドルチェ＆ガッバーナなど、いつの時代もイタリアはコモディティ（一般消費財）ではない商品をつくり出すセンスに長けている。世界に通ずる、こうした商品を日本人がつくるには、クリエイティブなセンスを磨いていくしかない。

そのためにも日頃からアートに親しむことが大切である。

私がアートに入れ込むきっかけの一つになったのがダボス会議だった。ダボス会議のような国際会議では必ずといっていいほどアートイベントがある。知性と創造性あふれる人であればあるほど、アートに対して強い関心があるからだ。五輪でも開催期間中、アートイベントが並行して開かれる。

アートには力がある。象徴的にいえば、人を集める力である。経済学者のジェフリー・サックス氏は、アフリカでマラリア撲滅のために積極的に行動してきた。しかし、彼が一人でアフリカを回っているときには、あまり人は集まらなかった。ところが、サックス氏の本を読んで感動したロックバンドＵ２のボーカル、ボノ氏がアフリカ救済のための行動に加わると、行く先々で数千人から数万人が集まるようになった。

小池百合子都知事が東京の金融機能を強化して国際金融センターを目指すのであれば、アートが楽しめる場所が不可欠になる。クリエイティブな人材を集めるためには、そこがアートあふれる街であり、アートあふれる国である必要がありはしないだろうか。

日本人も、アートを生活の中に定着させてほしい。そのためには自分が好きなアーティストの展示会やコンサートに自らお金を払って参加し、いい意味での批評家になってアーティストを育てることが求められる。小さなパトロンになるのだ。自分自身のアート感度を磨くとともに、人生を豊かにすることに前向きであってほしい。

# 第六章　未来にある危機を放置するな

## 危機の引き金は介護難民

「日本はハイパーインフレになる」「円が大暴落する」などといった危機感を煽るタイトルの書籍を時折見かける。私はこうした経済危機に日本が陥る可能性はきわめて低いと思う。仮に、近い将来、もし日本に危機的状況が訪れるとするなら、それは「介護難民」だと考えている。

日本で人口ボリュームが大きいのは一九四七〜四九年の三年間に生まれた「団塊の世代」だ。七年後の二〇二五年にはかれらが後期高齢者（七五歳以上）になる。推計では約二一八〇万人が後期高齢者になるといわれている。六五〜七四歳で要介護認定を受けた人は三・〇％であるのに対し、七五歳以上で要介護認定を受けた人は二三・五％である（『平成二九年版高齢社会白書（全体版）』内閣府）。後期高齢者になると、要介護者になる割合は一気に跳ね上がる。

今から介護制度を整えないと、間違いなく介護士や介護施設が不足する。厚生労働省は「約三七・七万人の介護人材が不足する」（二〇一五年）と予測している。

自宅でケアを受けられない、あるいは老人ホームや介護施設にも入れない。そういう介護難民が街にあふれ出たとき、日本の社会は一気に不安定化するだろう。

まずは介護の分野でも規制緩和を進めて、介護職への参入者を増やさなくてはならない。「混合介護（介護保険で認められた一割負担サービスと保険適用外の自費負担サービスを同時に受ける）」の促進や複雑な介護資格の見直しなど、介護に関する制度で手直しすべき点がいくつかある。

介護については、必要最低限のサービスを国の福祉制度として保障しつつ、さまざまなニーズに対応できるような多様な制度を認めるべきだ。そのためには規制の緩和が不可欠である。抜本的な解決を図ろうというのなら、やはり外国人労働者の積極的な受け入れを目指すしかない。

## 実は外国人との共存がうまい日本

移民問題を議論すると感情的になりがちである。私はこうした難問の解決策を考えるとき、実践していることがある。それが「川を上れ、海を渡れ」である。「川を上れ」とは歴史をさかのぼって見識を深めよ、「海を渡れ」とは海外に目を向けて視野を広げよという意味である。

移民問題を考えるときは、「川を上って」明治維新と比べるといい。明治維新で廃藩置県や地租改正、身分制度の撤廃など、さまざまな政策が採られたが、最も経済効果をもたらしたものは移動と居住の自由だと思う。それ以前は自分が住んでいる藩から外に出る場合、手形（藩が発行するパスポート）が必要で、移動の自由が制限されていた。それが明治維新以降、日本中どこに住んでもよくなった。

日本のように、すでに機械設備があり資本ストックがある場合、当然ながら日本に労働者がやってきて働くほうが、はるかに生産性が上がる。貿易の自由化は重要だが、むしろそれ以上に、労働者の移動を自由にさせるほうが、ＧＤＰは増えるという試算がある。

もちろん、移民が日本の労働市場にどのような影響を与えるのか検証する必要はある。ただし、米国を例にした実証研究がさまざま出ているが、賃金水準はメキシコなどからの移民によってもほとんど下がっていないという結果が多い。都市のストラクチャー（基盤）は異なるが、治安面でも、シンガポールは住んでいる人の四割弱が移民にもかかわらず犯罪率は東京よりも低い。

外国人への感情的ギャップは意外に早く変わる可能性がある。私の出身地、和歌山県では、明治維新の頃、「紀州の人間は江戸の人間なんかと仕事できない」などといっていたらしい。しかし、いつの間にかそのような感情は消えてしまっている。

私が尊敬する作家、堺屋太一氏がよくいわれているが、きわめて日本的だと思われている赤穂浪士《あこうろうし》四十七士の一人は、祖父が中国から来た人だそうだ。また、私たちは着物のことをごく普通に「呉服」と呼ぶが、これは古代中国、呉の国から伝わった織り方でつくった織物の意味である。〝ハイカラ〟な品だったのだ。こうした事実を多くの日本人が知らないだろう。

つまり、日本は歴史的には外国人や外国文化と共存するのが結構うまい国なのだ。外国人に対するネガティブな感情がたとえ今強いとしても、それが急速に変わる可能性がある。

## 「日本で死ぬな」が合言葉

今、日本に必要な外国人労働者は、介護士やメイドさんなどの職業に就くミドル人材である。

私が以前、大学で教えていた学生、とくに女子学生に「社会に出たとき、欲しいものは何？」と聞くと、ほとんどの学生が「メイドさんがほしい」と答えていた。慢性的に数が足りない保育施設の状況をニュースで知れば、このように答えるのは当然である。

遅ればせながら、日本でも国家戦略特区で外国人労働者による家事代行を解禁した。これまでは入管法で家事支援を目的とした在留資格を認めていなかったが、一定の条件を満たす事業者が雇用する場合に限り、外国人の受け入れが可能になった。東京都、横浜市、大阪市などで、外国人による家事代行サービスがすでに始まっている。

家事代行業に続き、特区でスタートするのが外国人就農だ。第三章でも書いたように、農家の人手不足は深刻化する一方だ。こちらも家事代行サービスと同様、事業者を通じて、新潟市、京都府、愛知県の三地区で外国人労働者が認められると期待される。

日本人は利に聡《さと》い国民だと思う。これはけっして悪い意味ではない。幕末の尊王攘夷派が明治維新後、鹿鳴館をつくったように、自分たちの利益になると思えば、意見を変えることを躊躇しない。特区による外国人就農の話を聞いた他の地域からは、早速「特区だけ外国人の就農を認めるのは不公平だ（私たちの地域にも入れてほしい）」という声が上がってきている。農家の人手不足はそこまで切羽詰まっているのである。私は移民に対する風向きが変わってきていると実感している。

外国人労働者の受け入れは、お隣の台湾や韓国ではかなり進んでいる。台湾では一九九一年から本格的に開始、韓国でも二〇〇四年から導入している。とくに日本と同様に高齢化が進む台湾は受け入れに積極的だ。ホワイトカラーの外国人は約三万人、ブルーカラーは約六七万人で、このうち介護に従事する人は二〇一七年一一月時点で約二五万人いるという。[*15]

移民政策の失敗には二通りがある。一つは受け入れないで失敗すること、もう一つはEU諸国のように受け入れすぎて失敗することである。日本はこのままだと前者になる可能性が高い。

そのためにも早く移民法をつくったほうがいい。現状は受け入れ基準が明確でなく、取り締まる基準もない。二〇一九年四月にも新たな在留資格をつくるよう、政府が動き出したようだが、各地で多発する悪質な外国人技能実習制度の問題は放っておくと、そのうち国際問題化しかねない。

ただし、日本が期待する高度人材の受け入れは、残念ながらすぐには進まないかもしれない。それにはいくつかの理由がある。

第一に日本の税制は、第四章で説明した通り、海外に比べて所得税の最高税率が高すぎる。高所得のエグゼクティブにとって割に合わない。

第二に重い相続税の問題がある。日本の場合、外国籍であっても死亡時点で日本に一〇年超住所があった場合、海外に保有する資産も課税対象となる。このため、長年日本で働く海外エグゼクティブの間では「日本で死ぬな」というのが合言葉らしい。

そもそも私は相続税自体に反対だ。所得税を払ったあと、もう一度税金をかけるのは理屈としておかしい。二重課税だ。海外では香港やシンガポールなど相続税のない国や地域も少なくない。

第三に、これが一番大きいが、英語の問題がある。何か手続きが必要になって役所に行っても窓口に英語が話せる人は皆無に近い。家族が病気になって病院に連れていっても、英語を話せる医者はじゅうぶんにはいないだろう。

このように考えると、海外エグゼクティブにとって、日本はけっして魅力的な場所ではない。アジアに居住したいという高度人材は日本よりもシンガポールを選ぶのが普通だ。それでも国の戦略として最先端の企業や優れた人材を呼び込もうというのであれば、どの問題も解決していかなくてはいけないだろう。

## 出生率を上げる秘策は離婚制度に

誰もが認識している通り、日本の人口減は深刻である。二〇〇八年頃から始まった人口の減少傾向は、二〇三〇年頃から急速に進む。この頃になると、人口は毎年八〇万人から一〇〇万人近いペースで減っていくことが予想される。

とくに問題なのは、全人口に対する生産年齢人口（一五歳以上六五歳未満）の比率が急低下することだ。高齢者の増加で社会保障費がぐんと増えるのに、税金や社会保険料を支払う若者がいなくなるわけである。しかも第四次産業革命が進展すれば、仕事に就けない人が出てくる可能性もある。ロボットのオーナーに税金や社会保険料を負担させるなら話は別だが、このまま何も手を打たないと、社会保障制度を現行のまま維持するのは難しい。

私が移民の推進を主張するのは、政策によって短期的に人口増に成功した国はあるが、それを長期的に実行するのは相当に難しいと考えるからだ。それでも出生率の上昇にある程度成功したフランスをモデルに、日本人の出生率を上げる案をいくつか提案することは可能だ（ただしフランスも現在は出生率が落ち込み始めている）。

基本の政策は子育てと仕事の両立をサポートすることだ。保育所を急ぎ増設し（また建設が進むように規制を緩和し）、その保育所では保育時間を延長して子どもを預けることができるようにする。特区で解禁された外国人メイドさんサービスを全国に広げるといったことだ。保育士の資格試験を、もっと受けやすくすることも欠かせない。

一方、経済学では「ゲーム感覚を取り入れることが有効ではないか」といわれている。二人目、三人目の子どもが生まれたら税金を安くするという常識的な案から、たとえば家族が旅行をする場合、子どもが二人なら旅行費は三％引きだが、子どもが三人、四人になれば、一気に五〇％引きにするといったユニークな案まで議論されている。子どもをたくさん持つことにインセンティブを働かせようというわけである。

私が一番効果的だと思うのは、離婚をしやすくすることだ。現在は両性の合意がなければ、離婚をするためには裁判が必要になる。これを、夫婦どちらか一方が申し立てた場合、離婚を原則的に認めるようにするのである。多くの女性にとって結婚のリスクは高い。結婚に失敗したら一生を棒に振ると考えると、結婚に二の足を踏む女性が今も多いだろう。奇妙に聞こえるかもしれないが、離婚がしやすければ安心して結婚できる。

これは雇用制度と同じである。いざというときに社員の解雇ができないと考えると、企業は正社員の雇用に慎重になる。金銭解雇のルール導入は一見、不利なように思えるが、雇用面で労働者にとってメリットは大きい。

日本の婚姻制度は厳格すぎる。実は出生数に対する婚外子《こんがいし》の比率が高い国は出生率が高いというデータがある。婚外子比率はフランスが五六・七％に対して、日本はわずか二・三％（ＯＥＣＤ二〇一四年調査）である（図４）。婚外子への差別は、相続の問題など一部は解消されたが、それでも世間が見る目はまだまだ冷たい。

フランスの歴史家、エマニュエル・トッド氏は『世界の未来』（朝日新聞出版）のインタビューの中で、日本人に「もっと社会の秩序を緩くして、子供をつくる。お行儀が悪くなることをよしとしなくてはなりません」とアドバイスする。

**【図4】G7諸国の出生数に対する婚外子の比率**

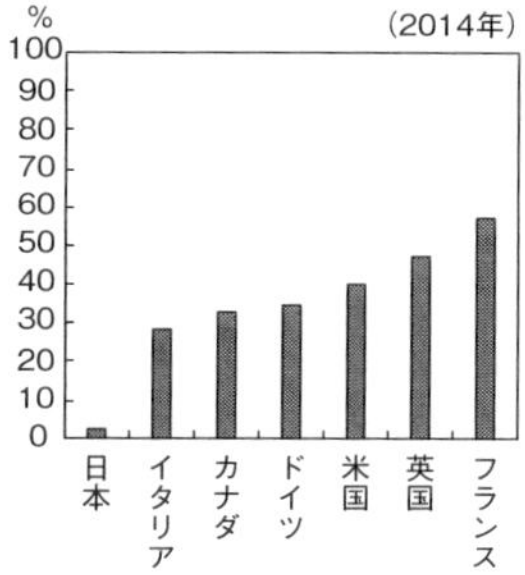


出所：OECD

日本も江戸時代は性に対しておおらかだった。当時の銭湯（湯屋）は混浴だったため、父親が誰かわからない子どもが結構いたらしい。しかし、その頃の江戸では「仕方ないね。湯の子だから」といって、皆が助け合って長屋で育てていたという。堺屋太一氏は現代の日本を「官僚主導で世界一安全、けれど全然楽しくない」と評する。私たちはかつての日本人に〝良い加減〟を学ぶべきなのかもしれない。

## 格差対策はベーシックインカムで

経済で世界共通の課題があるとすれば、それは経済格差の解決だろう。かつて米国労働長官を務めた経済学者のロバート・ライシュ氏（カリフォルニア大学バークレー校ゴールドマン公共政策大学院教授）は、ドキュメンタリー映画『みんなのための資本論』（二〇一五年日本公開）の中で、米国の驚くべき格差の実態を語っている。

一九七八年、典型的な男性労働者の平均年収は四万八三〇二ドル（約五三〇万円）。これに対して収入が上位一％の平均年収は三九万三六八二ドル（約四三一九万円）だった。これが約三〇年後の二〇一〇年になると、典型的な男性労働者の平均年収が三万三七五一ドル（約三七〇万円）と下がっているのに対して、上位一％の平均年収は一一〇万一〇八九ドル（約一億二〇八〇万円）まで急上昇しているのである。

ライシュ氏は格差拡大の理由として、労働組合加入率低下による労働分配率の低下、個人所得税の最高税率の大幅引き下げなどを挙げている。しかし、私は、それは数ある理由の一つにすぎないと思う。なぜなら経済格差は米国ほどではないが、ＥＵ各国や英国、日本でも同じように起きている現象だからである。

世界中で経済格差が起きた最も大きな要因は、一九九〇年代にグローバル化とデジタル化の波が相前後して、全世界に広がったことだと私は見ている。

一九八九年にベルリンの壁が崩壊して以降、世界のほとんどの国が市場経済圏となった。加えてデジタル技術革新が起きたため、すべての情報を数字に置き換えることで、世界が一つの共通言語を持ち、アイデアを共有できるようになった。同時に、こうした情報をデータ圧縮することで、大量の情報を世界中に向かって瞬時に送ることが可能になった。

すべての世界がつながった結果、すさまじいまでの経済競争が地球規模で起こるようになった。競争の勝者は世界中から莫大な利益を手にする一方、競争の敗者、あるいは競争のスタートラインに立てない人はみるみる貧困になっていった。それが実情である。

ライシュ氏は一九九〇年の「ハーバード・ビジネス・レビュー」に書いた論文で、

「Who Is Us?」と読者に問いかけた。「Us」には「United States（米国）」の意味もあり、「我々は誰か」「米国とは誰か」という意味がある。企業は利益を求めて国境を楽々と乗り越えられるが、普通の国民（労働者）はそれが簡単にはできない。このため、いくら国全体の経済が好調でも、そこから取り残される人がたくさん出てくる。ただし、その国民を軽視すると、のちの経済成長も社会保障もできなくなる。

日本でも定住する家を持たない「ネットカフェ難民」が問題化した。二〇一八年一月に公表された東京都の調査によると、都内だけでも一日約四〇〇〇人がアルバイトなどで生計を立て、インターネットカフェで暮らしていると推計された。このまま経済格差を放置しておくと、こうした問題が次々と顕在化してくるはずである。

この対策として、早急に導入すべきなのがベーシックインカムである。すべての国民に一定の所得を給付する制度で、究極のセーフティネットといっていい。

生活保護の場合、所得を得た分だけ支給額を減らされる。つまり働くことに負のインセンティブが働く。それに基本的に救済制度なので、人目を気にして、できれば受けたくないと思う人も多い。一方のベーシックインカムの場合、働かなくても給付されるが、働けば働いた分の一定割合、収入が増える仕組みにできる。これなら誰もが抵抗なく受け取れ、働く意欲も削がない。

エコノミストの原田泰氏が著書『ベーシック・インカム』（中央公論新社）の中で、日本でベーシックインカムを導入した場合の試算をしている。支給額は二〇歳以上・月額七万円、二〇歳未満・月額三万円で、所得税（現行の社会保険料含む）は一律三〇％の想定である。

ベーシックインカムが導入されると、所得控除が廃止され、老齢基礎年金や児童手当、雇用保険、生活保護などを、ベーシックインカムに置き換えることになる。このため、公共事業関係費や中小企業対策費などといった予算を一部カットして、現在の一般会計予算規模に二兆円程度上積みができれば、実現は可能だという。

この程度の金額であればけっして難しくはない。第四章で紹介したように、歳入庁を創設して、税金と社会保険料を漏れなく徴収できれば、じゅうぶんに賄える範囲である。二〇一七年の衆議院選挙時、希望の党が公約の一つに掲げたものの、当時党首だった小池百合子氏のいわゆる「排除」発言ばかりが注目されて、この議論が深まらなかった。

これから日本が経済成長するためには、大胆な構造改革が欠かせない。改革の途中で一時的に失業する人が出てくるかもしれない。こうした場合にベーシックインカムで生活が守られれば、誰もが安心できる。条件のいい会社への転職も促されるはずなので、労働市場の硬直化を是正する効果も期待できる。

## 再生可能エネルギーをどうする

政権発足時のアベノミクスから現在の働き方改革まで、今すぐにやらなくてはいけない政策課題について、安倍政権はかなり頑張ってきた。しかしまだ、長期的な課題に取り組む姿勢に、力強さがないことは否定できない。

これまで以下の三つには、まだ手が付けられていなかった。第四章で説明した社会保障改革、長期エネルギー計画、そして地方分権である。長らく続いた安倍一強体制によって、野党がスキャンダル追及ばかりするようになってしまった。チェック機能低下の弊害がここに出ている。

まず長期エネルギー計画については、経済産業省のエネルギー情勢懇談会で二〇五〇年に向けたエネルギー戦略を検討しているようだ。ここまで同省の構想が遅れたのは、安倍政権が経産省中心の内閣であることが大きい。

政権中枢に、原子力発電を含めエネルギー政策を今まで担当してきた経産省の現官僚や元官僚がいる。かれらは日米原子力協定の枠組みで原発を担うのは日本の役割だと考えているのか、または日本の高い原子力技術を守るために原発が不可欠だと考えているのかわからないが、どちらにせよ従来の原子力政策を維持し続けてきた。これに対し、現状で多くの国民は原発再稼働に強く反対しているため、結果的に原発の位置付けがあやふやになっている。それが日本のエネルギー政策論議における最大のネックだ。

東日本大震災以降の日本人の原発に対する特別な感情を考えると、もはや国内で新たな原子力発電所を建設することは困難だ（マイクロソフトの創業者、ビル・ゲイツ氏が中国で開発を進める次世代原子炉「ＴＷＲ」のような画期的な技術が実用化されれば、話は別かもしれないが）。新増設や建て替えなどをせず、既存施設を稼働させるだけなら、二〇年後か三〇年後、いずれ原発はフェードアウトする形で、日本から自然と姿を消すことになる。今回の長期計画でも、この点についての判断は見送ったように思う。

もう一つの焦点は、再生可能エネルギーへのシフトだ。これまで全エネルギー予算の四割程度を原発に使っており、再生可能エネルギーに対しては一割程度しか充ててこなかった。このため、この分野の開発で、日本は先行するＥＵ諸国から出遅れた形になっている。地熱なのか、風力なのか、あるいは潮力なのか、現時点で有力な電源はわからないが、資本を集中的に投入すれば、日本に適した再生可能エネルギーが開発できるのではないか。

また現在、自然エネルギー財団（会長・孫正義氏）などが中心となって、日本や中国を含む北東アジアに国際送電網を展開するプロジェクトが動きはじめている。欧州で再生可能エネルギーが普及した理由の一つは、送電ロスが少ない高圧直流方式の電力網で、英国を含めた各国間がつながったからである。仮に北東アジアでこうした送電網が完成すれば、再生可能エネルギーの普及が一気に進む可能性もある。再生可能エネルギーを主力電源化する長期計画の方針には賛成だ。

## 手付かずになった地方分権

一方、道州制を中心とした地方分権の話は、すっかり立ち消えになってしまった。

道州制を一言で表すと、自治体の給付と負担を〝一体化〟させることだ。給付とは公共サービス、負担とはそれに対するコスト、つまり税金のことである。これが現在、一体化していない。

私たちの払っている税金の約三分の二が国税で、残り三分の一が地方自治体のフトコロに入る地方税である。しかし、国全体の歳出額で見ると、国が使っているのは約三分の一。残りの三分の二は地方が使っている。結果的に税金の三分の一は、地方交付税や補助金という形で地方に移転（トランスファー）されている。給付と負担が一致していないため、税金の無駄使いが生じやすい。

ただし、今の状況は国と地方、双方の当事者にとって、ある意味都合がいい。国は地方に対する権限を維持して、天下りや出向などで、人を送り込むことができる。一方、地方は国が面倒を見てくれるので、最後に責任を取らなくていい。予算が足りない分は、国が交付税で補塡してくれる。うまい具合に依存し合っているのである。このため、強力な地方分権の話を持ち出すと、反対するのは国だけではなく、むしろ地方の首長のほうだ。

本来なら地方行政は地方で責任を持つ形にして、代わりに地方で税源を賄えるような仕組みをつくらなければならない。そのために必要とされる新たな行財政の枠組みが道州制なのである。

江戸時代は「三百諸侯」といわれる通り、約三〇〇人の大名がいた。それが明治の廃藩置県以来、合併を繰り返して、都道府県の数は四七までになった。つまり、三〇〇から四七に統合されたわけだ。ところが、その下の市町村の数はまだ一七〇〇強ある。

市町村つまり基礎自治体の最も合理的な人口については、いくつか試算がある。近畿大学世界経済研究所所長の本間正明教授の研究によると、一〇万人が平均費用を最小にできて、独立採算が可能だという。今の日本の人口は約一億二七〇〇万人なので、この場合、市町村は現行よりも三割減の一二〇〇程度が最適になる計算となる。

しかし、人口は「一〇万人では厳しい、三〇万人くらい欲しい」という説もある。このケースでは、基礎自治体の数は一気に三〇〇〜四〇〇くらいまで減る。たとえば、私が生まれた和歌山県の場合、人口は約九〇万人なので、県内に市はたった三つでいいことになる。ここまで数が減ると、もはや県がある意味がなくなる。そこで全国を一〇前後のブロックに再編成する道州制が必要になるのである。

ただし、道州制は現行の憲法では実現ができない。憲法改正は第九条にフォーカスされて議論が進んでいるが、私は地方分権をベースに進める方法もあると考えている。

## 「ポケモン」発言と放送制度改革

「インターネットでなぜ『ポケモン』が見られないのか？」

私が総務大臣だったとき、通信・放送業界を成長産業にするため、「通信・放送の融合や提携のあるべき姿」などを検討しようと懇談会（竹中懇）を立ち上げた。そのとき（二〇〇五年一二月）考えたのが、先のキャッチコピーである。

若い読者の方々はピンとこないかもしれないが、当時は相当なインパクトがあった。放送（テレビなど）と通信（インターネットなど）それぞれが別個の法規制で縛られ、それぞれの企業がその垣根を越えて進出することができなかったからである。今では、テレビ局がネットで過去の番組映像を流すのは当たり前になっている。

二〇一八年三月、安倍首相が規制改革推進会議ワーキンググループで、放送規制の事実上の全廃方針を打ち出した。内容は、政治的公平などを定めた放送法第四条の廃止、放送事業と通信事業で異なる規制の一本化、放送局のソフト・ハード分離、外資規制の撤廃など多岐にわたる。一〇年以上前に放送規制の緩和に取り組んだ私としては、今回の制度改革には基本的に賛成したい。しかし、「放送法第四条の廃止」まで踏み込んだのは、はっきりいって勇み足だった。

放送法第四条の趣旨を一言でいえば「公共性の堅持」だ。放送免許を持つ既存の放送局にとって、それは「錦の御旗」である。かれらは「公共性があるから自分たちは特別な存在なのだ」と自負している。既得権益者である放送局から無理にそれを取り上げようとしたら、メディアグループが一丸となって猛反発するのは予想できた。早速ある新聞が「放送法規制　全廃の動き　偏向番組氾濫の恐れ」などと書いた。放送法第四条には、あえて手を付ける必要はなかった。

私が放送制度改革の中で注目していたのは、電波の割当制度の見直しである。第四次産業革命の柱であるＩｏＴの進展やドローンやロボットをはじめとする無線機器の普及など、今後さまざまな先端技術分野において電波利用が活発化する。今のうちに周波数の効率的な配分をしなくてはならない。

その点で最適なのが、電波の利用権を競争入札で決める「周波数オークション」の導入だ。公開入札で一番高い値付けをする事業者は、一番需要がある事業者である。一部事業者が無理に高い値付けをすると心配する人もいるが、民間企業がそれをすれば経営破綻する。談合さえなければ、最終的にはおおむね合理的な金額で入札はまとまる。今やOECD諸国で周波数オークションを何も導入していないのは、日本だけになった。

これまで周波数はNHKにはこれだけ、TBSとフジにはこれだけという具合に、〝お上《かみ》〟が割り当ててきた。入札次第で自由に電波が使えるとなれば、参入しようとする新規コンテンツ事業者が必ず出てくる。放送法第四条があろうとなかろうと、それによって放送制度改革の狙いである自由な番組づくりが自然に進むはずである。電波の割当制度の見直しが放送制度改革の肝、ボウリングでいえばセンターピンなのである。ここに注力するべきだ。

二〇一六年、政府が物価下落の状況に合わせて年金支給額を抑える「年金制度改革法案」を国会に提出すると、野党が「年金カット法案」とレッテルを貼り、一部のマスメディアがそれに乗っかり政府批判を繰り返した。今回の放送制度改革でも、同様のヒステリックな反応が起きるだろう。

放送制度改革が実現できるか否かは、国民からの幅広い支持をいかに取り付けるかにかかってきた。私がキャッチーなコピーで国民の関心を引き寄せたように、安倍首相が放送制度改革の目的やメリットをわかりやすくアピールすることが重要になる。

# あとがき　次の時代をつくるために

なぜ国民が森友・加計学園問題にあれほどまで怒っているのか。その根底には、一部の特権階級だけが甘い汁を吸っているのではないか、というエリートに対する根深い不信感がある。手っ取り早く悪者探しをするマスメディアが、さらにそれを増幅させている。これは、経済格差による社会の分断が、日本でも起きはじめている証左だと私は見ている。

こうした現象は、英国のブレグジットや米国のトランプ政治に通ずるものがある。政府が早いうちに格差と社会の分断問題の根を絶たないと、治安のよいはずの日本社会が根底から崩れていくこともありうる。

安倍首相は経済がひじょうに悪いときに政権を担い、デフレ脱却に向けて、懸命に努力を重ねてきた。これは評価に値しよう。しかし、その一方で、格差解消や社会保障改革、第四次産業革命への対応など、次の時代の日本をつくる政策には、まだじゅうぶん手が付いていない。その結果、国民に日本の未来像を示せていない。

二〇一六年の参議院選挙のとき、自民党は安倍首相と小泉進次郎議員の二枚看板で全国遊説をおこなった。そのキャンペーンの中で、小泉氏はアベノミクスという言葉を一回も使わなかった。その真意は「アベノミクスは当然やらなければならない。ただし、それは今を乗り切るための当たり前の経済政策である。次の時代をつくるためには、もっと思い切った政策を打ち出していかなくてはならない。それをずるずると先送りしてはならない」というところにあったと思う。

「リーダーシップを発揮するということは、危険な生き方をすることである」

ハーバード大学ケネディスクールで長くリーダーシップの研究をしているロナルド・ハイフェッツ教授らの著書『最前線のリーダーシップ』（竹中平蔵監訳／ファーストプレス）に出てくる言葉である。

財務省の森友文書改ざん問題、防衛省の日報隠蔽問題など一連の官僚不祥事によって、盤石だった安倍政権の基盤が揺らいだ。リーダーは、こうした状況の中で自らのリスク管理をおこないながら次の時代をつくるために挑戦しなければならない。

かつて国鉄・電電公社・日本専売公社の民営化に果敢にチャレンジし、戦後の総理大臣の中でも評価が高い一人、中曽根康弘氏は首相の座に就く前、「風見鶏《かざみどり》」などとマスメディアから盛んに揶揄《やゆ》されていた。同じく道路公団や郵政事業の民営化など、数々の構造改革を成し遂げた小泉純一郎氏も、首相になる前は政界で「変人」と呼ばれていた。

橋本龍太郎政権時代、首相秘書官を務めた江田憲司氏（現・衆議院議員）は「小泉さんは総理になってこそ輝く人だ」と当時、いっていたものだ。メディアは、次の総理が誰なのか、面白おかしく議論するが、首相になって大仕事をするかどうか、前評判などまったく当てにならないのである。

ただし、一つだけいえることがある。実績を残した政治家の多くは「これだけは成し遂げたい」という目標なり、覚悟を持っている。小泉氏であれば、それは郵政民営化だった。首相になる約一〇年前、郵政大臣にもかかわらず郵政民営化を訴えたため、衆議院逓信委員会で野党以上に、与党の郵政族からすさまじいまでの集中砲火を浴びた。ところが、小泉氏はひるむことなく四時間以上、一人で答弁し続けた。

間もなく「平成」という時代が終わろうとしている。三〇年間の平成時代は、経済の面では「失われた二五年」と呼ばれることが多い。その総括は、私は間違っていると思う。いいときも悪いときもあった「まだらな二五年」という呼び方が正しいと考えている。

とはいえ、最も反省すべきは、この間の構造改革のスピードがきわめて遅かったことだ。象徴的なのは、銀行の不良債権問題だった。バブルの崩壊で銀行のバランスシートがどれほど毀損していたのか、一九九〇年代の政権はあまりに過小評価していた。

新しい元号の時代に、その誤りを繰り返してはならない。心地よさに隠された危機の芽を摘み、たとえ痛みの伴う改革であったとしても、真正面から国民に打ち出すようなリーダーシップが発揮されるか。掲げる政策を見ながら私たちは真剣に考え続けなくてはならない。なぜなら国民のレベル以上の優れた政治は、けっして現れないからである。

厳しい批評眼を持った観客が一流の俳優やスポーツ選手を育成するように、ときには熱い支持を、ときには辛口の批判をしながら、私たちが優れたリーダーを育て、支えていかなくてはならない。

経済学「エコノミクス」の語源は、「共同体のあり方」を意味するギリシャ語の「オイコスノモス」である。文中で紹介したアダム・スミスの『国富論』が出版されたのは一七七六年。それを思うと、近代に経済学が生まれてから、まだ二四〇年あまりしか経っていない。二〇〇〇年以上前にギリシャで確立した哲学に比べて、経済学が確立したのは、かなり後になってからのことといえる。

なぜ経済学の確立が遅れたのか。諸説あるだろうが、人類の歴史においては経済成長がほとんどなく、身分や職業などといった社会制度が長らく固定されてきたからだと私は思う。私たちの先祖はたいてい祖先と同じ地域に住み、祖先と同じ仕事を今日、明日、明後日と変わらず続けてきた。このため、共同体のあり方について根本的に考えようという発想が、なかなか起きなかったのだろう。

こうした時代は完全に終わった。現在、進行する第四次産業革命では、今ある職業が明日も残っているという保証はない。経済や社会の体制も大きく変わっていくはずだ。逆に共同体のあり方を考える経済学の意義や役割が、今ほど問われているときはない。

いえば、これからの社会変化のグランドデザインを描けないなら、経済学に存在意義はない。

この本では、経済学者の一人として、これまで培った知識や経験をもとに、次の時代の日本がより良くなるための提言をさせていただいた。読者の方々の参考になれば幸いである。

二〇一八年六月　竹中平蔵

## 注

＊1 「米ローン3兄弟『自動車』『学生』『クレジット』にリスク」／UBS証券最高投資責任者・青木大樹／「週刊エコノミスト」二〇一七年一一月七日号
＊2 「『3つの10億』がもたらすものは：インドのデジタル金融」／大和総研アジア事業開発グループコンサルタント・山田悠生／大和総研レポート二〇一七年一二月二六日
＊3 「アフリカIT革命は躍進中」／コナー・ギャフィー／「ニューズウィーク日本版」二〇一七年一月二四日号
＊4 「モバイルペイメントで太陽光発電を利用　ワイヤレス化するアフリカのインフラ」／WirelessWire News編集部／「WirelessWire News」二〇一七年三月二二日号
＊5、＊6 「日本へのクルーズ客船の寄港とカボタージュ規制」／椙山女学園大学現代マネジメント学部・水野英雄准教授／山縣記念財団「海事交通研究」第六五集
＊7 「仙台空港の運営が民間に移り、活発な動きで成果が実る！」／クレア・インバウンドライブラリー編集部／「Clair Inbound Library」二〇一八年三月二八日号
＊8 『2025年　日本の農業ビジネス』／21世紀政策研究所編／講談社

＊9 「米百俵の精神を取り戻せ」／小泉純一郎×笹川陽平／「文藝春秋」二〇一八年一月号

＊10 「日銀が『大株主』になる企業100社ランキング！ 3位太陽誘電、2位ファストリ、1位は？」／ダイヤモンド・オンライン編集部／「ダイヤモンド・オンライン」二〇一七年九月二二日

＊11 「リカレント教育、大学改革参考資料」／内閣官房人生100年時代構想推進室／二〇一七年一一月

＊12 「デジタルプライバシー」／「朝日新聞GLOBE」二〇一八年三月四日

＊13 「日本経済新聞」電子版二〇一八年二月一九日

＊14 「日本経済新聞」朝刊二〇一八年三月一四日

＊15 「台湾の高齢化を支える介護『移民』」／野嶋剛、yahoo!ニュース特集編集部／二〇一八年一月五日

## 参考文献

『日本経済は生き残れるか』（編著者・竹中平蔵、NHK取材班／日本放送出版協会／一九九五年）
『日米摩擦の経済学』（著者・竹中平蔵／日本経済新聞社／一九九一年）
『国富論』（著者・アダム・スミス／監訳者・大河内一男／訳者・玉野井芳郎、田添京二、大河内暁男／中央公論新社／二〇一〇〜一三年）
『マンキュー入門経済学（第二版）』（著者・N・グレゴリー・マンキュー／訳者・足立英之、石川城太、小川英治、地主敏樹、中馬宏之、柳川隆／東洋経済新報社／二〇一四年）
『サムエルソン経済学』（著書・P・A・サムエルソン、W・D・ノードハウス／訳者・都留重人／岩波書店／〈上〉一九九二年〈下〉一九九三年）
『増税が国を滅ぼす』（著者・アーサー・B・ラッファー、ステファン・ムーア、ピーター・タナウス／訳者・村井章子／日経BP社／二〇〇九年）
『「3つの10億」がもたらすものは：インドのデジタル金融』（著者・山田悠生／大和総研／二〇一七年）
『日本へのクルーズ客船の寄港とカボタージュ規制』（著者・水野英雄／山縣記念財団「海事交通

研究」第六五集／二〇一六年）
『政府の隠れ資産』（著者・ダグ・デッター、ステファン・フォルスター／訳者・小坂恵理／東洋経済新報社／二〇一七年）
『2025年　日本の農業ビジネス』（編者・21世紀政策研究所／講談社／二〇一七年）
『リフレと金融政策』（著者・ベン・バーナンキ／訳者・高橋洋一／日本経済新聞社／二〇〇四年）
『アートと社会』（編著者・竹中平蔵、南條史生／東京書籍／二〇一六年）
『成長産業としての医療と介護』（編者・鈴木亘、八代尚宏／日本経済新聞出版社／二〇一一年）
『競争と公平感』（著者・大竹文雄／中央公論新社／二〇一〇年）
『世界の未来』（著者・エマニュエル・トッド、ピエール・ロザンヴァロン、ヴォルフガング・シュトレーク、ジェームズ・ホリフィールド／聞き手・大野博人、原真人、国末憲人／朝日新聞出版／二〇一八年）
『暮らしのことば　新語源辞典』（編者・山口佳紀／講談社／二〇〇八年）
『ベーシック・インカム』（著者・原田泰／中央公論新社／二〇一五年）
『最前線のリーダーシップ』（著者・ロナルド・A・ハイフェッツ、マーティ・リンスキー／監訳者・竹中平蔵／訳者・ハーバード・MIT卒業生翻訳チーム／ファーストプレス／二〇〇七年）

編集協力
メディアプレス
古澤佳三

**竹中平蔵**

1951年、和歌山県生まれ。一橋大学経済学部卒業後、日本開発銀行入行。大阪大学経済学部助教授、ハーバード大学客員准教授、慶應義塾大学総合政策学部教授などを経て、2001年より小泉内閣で経済財政政策担当大臣、郵政民営化担当大臣などを歴任。現在は東洋大学グローバル・イノベーション学研究センター長・教授、慶應義塾大学名誉教授などを務める。著書に『大変化 経済学が教える二〇二〇年の日本と世界』(PHP新書)、『400年の流れが2時間でざっとつかめる　教養としての日本経済史』(KADOKAWA)、『世界大変動と日本の復活　竹中教授の2020年・日本大転換プラン』(講談社+α新書)ほか多数。

講談社+α《プラスアルファ》新書　747-2 C

**この制御《せいぎょ》不能《ふのう》な時代《じだい》を生《い》き抜《ぬ》く経済学《けいざいがく》**

竹中平蔵《たけなかへいぞう》 

2018年6月20日第1刷発行

発行者――――――渡瀬昌彦

発行所――――――株式会社 講談社

東京都文京区音羽2-12-21 〒112-8001

電話 編集(03)5395-3522

販売(03)5395-4415

業務(03)5395-3615

デザイン――――鈴木成一デザイン室

帯写真――――――講談社写真部

カバー印刷―――共同印刷株式会社

印刷――――――豊国印刷株式会社

製本――――――牧製本印刷株式会社

本文データ・図版制作―講談社デジタル製作



ISBN978-4-06-511934-1